JN297216

気功師・日光《にっこう》十《と》無《む》の スピリチュアルメッセージ

For you,
Spiritual message
by Nikko Tomm

日光十無

たま出版

はじめに

私は気功師の日光十無《にっこうとむ》といいます。私の役割は、病気で苦しむ人々を癒すお手伝いをすることです。身体の病のみならず、心の病にも深く関わる施術を本業としています。

私は、肉体の細胞の意識や臓器の精霊たちと話ができます。また、人間の魂、霊、心とも通じることができるので、その人が病気になった理由《わけ》もわかります。不思議だと思われるかも知れませんが、これが気功師、「日光十無」としての真実です。その上で、これから私たち人間の心と身体についてお話しします。読者の方々には、ぜひとも感性を働かせていただき、心で読み取っていただければ幸甚です。

人間は、とにかく面白い存在です。本書では、地球人の存在理由や人間の仕組み、宇宙や宇宙人、動物などの魂の世界についてもお話をしていきます。これまで、イエス、モーセ、ブッダ、孔子などの偉人たちや過去の宗教家たちの誰もが明かさなかった、否、明かせなかったことについて述べています。謎が謎を呼んできた数々の疑問点が、今、明かされるのです。

文中に「大宇宙創造主」（以下、創造主で統一）、「不動明王」など、神々の名を記述していますが、私は宗教家ではありません。また、宗教家になったり宗教団体をつくったりするつもりは一切ありません。神々からの霊示・啓示を受け、その真実を述べさせていただくだけです。

また、文中の神からの言葉には、重複する記述が数多くあります。これは、神の独特の伝達方法の一つであり、潜在意識に訴える、感じさせることを必要として話されているためです。

では、存分にお楽しみください。

気功師・日光《にっこう》十《と》無《む》の

スピリチュアルメッセージ

～For you, Spiritual message by Nikko Tomm～

目　次

はじめに……1

第一章　人とは何か。輪廻転生の意味――7

「ヒフミヨイムナヤコト」と「日光十無」の由来……8
みんな前世がある。前世が自分の人生を決める！……14
魂は六人編成の分霊で成り立っている……23
〝私は生きている〟？　否、〝生かされている〟……39
私は人間の細胞や臓器と話をする……41
生物にはすべてオーラがある……49
誰が人間を創ったのか。万物の霊長とは……58
惑星に生息する生物の役割とは……61

第二章　宇宙と地球の仕組み――67

宇宙は誰が創ったのか……68
気は宇宙そのものである……74

無限といわれる宇宙の謎とは……79
地球は二重構造でできている……88
地球は6度のアセンションを失敗した。そして、7度目を迎えて……94

第三章　地球人は終わった――101

36億年前の真実……102
今こそあのキリストが再誕する……106
セント・サナンダの啓示とは……109
宗教などと言っている時代は終わった……113
祈るのであれば、自分自身に祈ろう……115

第四章　〝新・地球人たち〟とは――119

誰が信じなくても、私の前世は徳川家康だった……121
徳川家康が天下を取るに至るまでの過程……124
日光十無の今世、前世、過去世、分霊について……129

ブッダ意識を共有する使命……138
第五章　前世鑑定の取り組みと実例――141
前世鑑定の実例……144
第六章　気功施術の取り組みと実例――149
気功施術の実例……166
おわりに……181
参考・引用文献……186
『癒しの気功　日光十無』からのお知らせ……188

第一章

人とは何か。輪廻転生の意味

「ヒフミヨイムナヤコト」と「日光十無《にっこうとむ》」の由来

私は1951年に関西方面で生まれた、日本人男性です。現在、気功師としての天命を受け、多くの人たちに施術をしています。

「天命などと大げさな」とおっしゃる方もおられるでしょうが、私の気功術はこの世に肉体を持つ人間から教えていただいたものではありません。いわゆる、師匠はおりません。

では、誰から教えていただいたのかといいますと、通称「不動明王」と呼ばれている方です。自己瞑想中に私の意識に関わり、指導された気功の施術法を、私はただ素直に実践しているだけです。

私の前世や使命に関するお話は、第四章でくわしく述べさせていただきますが、まずは自己紹介と、これから本章で展開するお話の序という意味で、私の「日光十無《にっこうとむ》」という名前の由来について、少しお話しさせていただきます。

そのためには、まず「ヒフミヨイムナヤコト」の意味からご説明する必要があります。現在、「ヒフミヨイムナヤコト」は数の代名詞のようになっていますが、本来は天地開闢《かいびゃく》以後の神の名前の略称と、その役割を表わした意味をもっています。

「ヒ」……八百万神《やおよろずのかみ》の総称
　　霊・魂・火、この世そのもの
「フ」……風、物質原子構成時期
「ミ」……水、元素発生時期
「ヨ」……節、地球発生時期
「イ」……雷火電力、力の発生時期
「ム」……物質の増殖する時期
「ナ」……草木の種別を名により分ける、生物繁出の時期

「ヤ」……草木が昆虫により、他へ移動する時期
「コ」……生物の心が固定化し、意志も明瞭になった禽獣《きんじゅう》発生時期
「ト」……人類発現の時期
　これらすべてを各々の神が担当している

　最初の「ヒ」を「霊」と書き、「ト」を「止」と書くことで、神が惑星および生物をつくられた後の最後のとどめにつくられたのが、まさに「ヒト」となります。これは「ヒフミヨ」の十時期の各々の役割を持つ神による、神業を縮小した現業に従事するものであり、神の分霊であると同時に、万物の霊長でもある人間、という意味なのです。

「ヒト・人」は神になろうとしている存在であり、神の分霊《ワケヒ》でもあります。ヒは霊、魂、心、精神であり、存在そのものです。ヒトは肉体と霊から成り立っています。ヒトは霊と止により霊止と解することもできますが、実際はヒト・フト・ミト・ヨトなどの、生命および精神を有するものをいいます。

ヒトの成り立ち

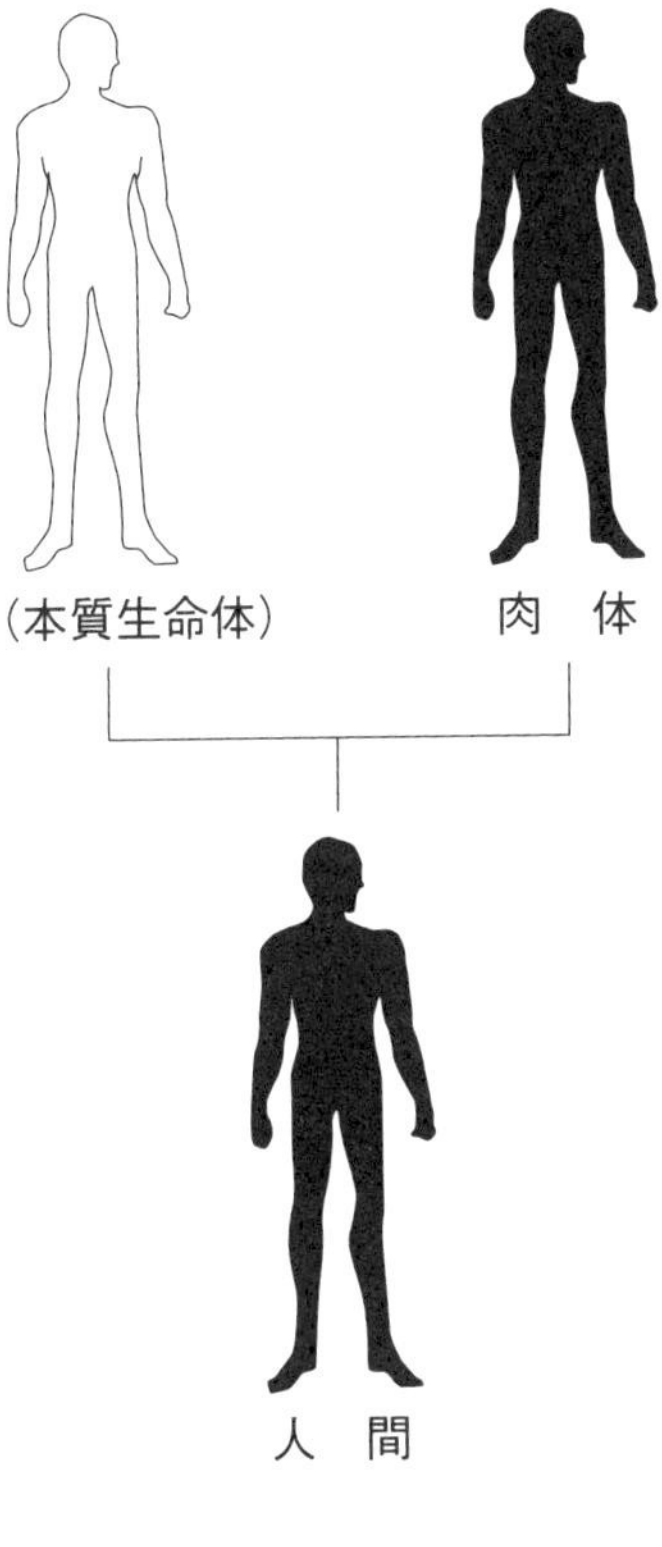

私は、自分の気功師名として、最初に「ト・ム」と授かりました。文字で表わすと〝十〟に〝無〟と書いて「十無《とむ》」と読みます。人は「無」の世界からこの世に生（ヒ・霊を宿す）を持ち、有の世界（人生）を死して終え（ト・止《とど》め）ます。つまり、この名前には、人が「無」の世界から、有の世界の完結を意味する「十（ト）」（終わり）の世界までを、いかに生きるべきか、どうすれば幸福になれるのか、という疑問点について、神からの指導に基づいて人々にお教えする役割が内在していることを意味しています。

「人」は、なぜ神により創られたのでしょうか。それは、輪廻転生《りんねてんしょう》によって魂を向上させるためです。つまり、神から創られた「人」が、「神」に成り得るまでの時間、「人生」をいただき、「人の道」を学び、課題を残すためです。その残された課題の修復にまた新たなる生命をいただき、一から始めることで人としての学びを繰り返す、と決められているのです。

その過程において、人は決して一人で生きていくわけではありません。必ず、家族を含む自分以外の人と関わりを持ちます。そして、自分との考え方、生き方などの違いに気付き、葛藤や感情の高ぶりを覚えるのです。他人との違いから人生の何たるかを学ぶことは、魂の向上につながります。

さらに、人は一人では生きられないと知り、他人の存在の大切さを肝に銘じることで成長が促されます。これが、すべての輪廻転生における深い意味です。

いずれにしましても、これから私がお伝えすることは、皆さまが今までに教科書で学んできたこと（歴史・哲学・文学・科学・物理・天文学・医療など）とは全く違います。それらの認識からは程遠く、初めて聞かされる内容も多いと思います。ですから、信じても信じなくてもかまいません。単に面白おかしく、心に留め置かれていても話題には事欠かないことでしょう。もちろん、興味を持たれた方が、真剣に本書にのめり込んでこそ、楽しみが倍増することは言うまでもありません。

みんな前世がある。前世が自分の人生を決める！

地球人が地球上に人間としての肉体を持ち、その肉体に人の魂を宿すことを神から許された時、人は「神になるまでの時間（寿命）」をいただきました。故に、「人」がその時間を得て神になるまでの「間」を「人間」と呼ぶのです。

ちなみに、あえて「地球人」と表現したのは理由があります。地球だけに人間が生息しているわけではなく、私たちの太陽系に属する惑星には人間（同じ容姿をしているとは限らない）が存在しています。それらの惑星の一つである地球に住む人間を、地球人と表現して区別しているわけです。

地球上の人間の魂は、輪廻転生（何回も生まれ変わってこの世に生きること）が義務づけられています。輪廻の世界では、現在を今世、未来は未来世、過去は過去世と呼びます。ちなみに、過去世のなかでも、今世の一つ前は前世と表現します。私たち人間には前世と幾多の過去世があり、その前世・過去世に大きく影響を受けながら、今世の運命、自分の人生を自分で決めて生まれてきます（詳細は次項にて後述）。

　これこそが因果応報であり、「自己責任が原則の人生」にそのまま反映されることを意味しています。幸・不幸、運・不運、健康・病気などの人生は、すべて前世・過去世で自分が行ってきたことの結果です。前世・過去世で良いことを行えば、今世は幸福な人生へと反映されます。しかし、悪いことを行っていれば、その心の罪（呵責《かしゃく》）を償う意味で、今世はあらかじめ不幸な人生を組み立てて生まれてくることが多いのです。カルマ[※1]の意味を知れば、今なぜ悩み苦しんでいるのかが明確にわかります。

　例えば、今世、あなたが罪の呵責に悩んでいたとします。それを解明するために、まずあなたの前世を遡《さかのぼ》ってみましょう。

　あなたが前世を終えようとしている時――まず肉体が死を迎え、肉体と魂のつながりといわれる「霊視線」が切れようとしています。その前後の時期こそが、三次元との関わりを断ち、天国へ行くか、または地獄へ行くか、もしくは浮遊霊としてこの三次元に居残るかを決める時です。

自分が死んだと自覚している人は、天国へ行くか、地獄へ行くかを自分で決める前に、大きなスクリーンで自分の前世の記憶（アカシック・レコード）を見ます。これは、自らが前世・過去世で関わってきた人の魂と一緒に見ることになります。画面には、生まれてからの人生が走馬灯のように次から次へと映し出されます。もちろん、良いことも悪いことも、です。

さて、それを見ているあなたの心境はどうなのでしょうか。

例えば、あなたの前世が戦国時代の武将だったとしましょう。当然、そこに映し出されるのは、人を殺したり、殺されたりしている場面です。あなたが人を殺していた場合、殺したあなたにとっては戦果があったわけですから、それこそ有頂天になり、殺した人の首を片手に美酒に酔いしれていることでしょう。もしかしたら、その時の大将からお褒《ほ》めの言葉や領地、賞金などをいただいているかも知れません。

しかし、殺された側にとってはどうでしょう。その人には、両親や兄弟、また、妻や子供もいるかも知れません。その人々は、自分の大切な家族を殺されて、喜んでいるでしょうか。いつの時代、どこの国の人でも、自分の肉親を殺されてうれしいはずはありません。残された家族の皆は一様に泣き叫び、嘆き、悲しみに打ちひしがれているでしょう。殺された人の無念な顔に重なり、その家族の怒りと憎しみに満ちた顔、顔、顔がスクリーンに現われてくるたびに、あなたの心はどのように感じていくでしょうか。良心を持っている人であれば、たとえ戦国時代であったとしても、人を殺し、その家族をも苦しめたことに罪の意識が起きるはずです。

罪の呵責を持ち、もう二度とこのようなことをしないように、自戒をこめてあえて地獄に落ちることも自分で決められます。また、人を殺してしまったのは戦国時代の武将としては仕方のないこととして、天国でじっくりと反省し、今世の人生にその償いを組み入れることも決められます。

ただし、「戦国時代の武将として当然のことをしただけだ」と、全く悪の意識を持たずに天国へ行こうとしても、俗にいう「三途《さんず》の川（裁定の場）」は渡らせてもらえません。天国行きを止める神がおられるからです。その神とは、地獄の門番でもある不動明王たちのことで、その者を地獄へ落とす裁定をしているのです。地獄は悪の心で生きた人の魂が行くところであり、善、反省、改心の心を持つ人々と違い、絶対に天国へ行けない人々の行先なのです。

前世で殺された場合には、例えば後ろから槍で首を刺されたとしても、あまりにもその衝撃が強く、気絶したまま、痛い衝撃が意識に残り、自らが死んだと思っていない人がいます。そのような魂（霊）は、この三次元に残り、かつての忌まわしい事実を認めることができず、死んだことも知らずに過ごしています。そして、数百年後にその敵であった魂が生まれ変わって現われた時に、その怒り、怨念《おんねん》が炸裂《さくれつ》し、呪《のろ》いを掛ける呪縛霊《じゅばくれい》となります。

このように、私たち人間は神から「自由」を与えられ、「どのように人生を生きてもよい」とされています。仏教でいう一念三千[※2]の心、喜怒哀楽[※3]、四苦[※4]

八苦のような、色付けされた生き方を選択できるのです。

※1：カルマとは、前世・過去世での人生の経験・悪癖などといった、魂の傾向性の現われであり、宿業《しゅくごう》を意味します。その宿業の結果により、今世を決め、あらかじめ自分が演出した、自分の運命を演じていきます。今世に、短命で命を落とすこと、障害をもって生きること、その親としての苦しみを味わうこと、出世すること、人生に挫折し自殺すること、金持ちで幸せに生きること、貧乏でその上不運な境遇になること……それらのすべてを、あなた自身が選んでいます。その人生を「カルマの摘《つ》み取り（悪業・悪癖を自らに課す）」と呼びます。

※2：神は人間の魂の特性として「念＝思い・感情」を与えましたが、一念三千の心とは、一つの思い・感情の中にも三千の心があるということです。つまり、「いつどこで、誰に、どのような感情・表現で接して

もよい」という意味で、三千にも及ぶ思いを宿されたのです。その代わり、「自らの感情において行われた結果は、すべて自らに戻る」ともいわれています。これが、自己責任を原則に因果を巡らせる、すなわち、因果応報が輪廻転生に組み込まれたのが人間の人生です。

※3：喜怒哀楽とは、人と人が接して生きることの意味を内包しています。私たちは幼年から老年を通して、肉体、魂の成長とともに、学習、仕事、友達・同僚・上司と関わり、思春期から恋愛、結婚・出産・子育てという流れの中で生きています。人間はその時々により、社会環境の中に埋もれ、自分と他人との違い（考え方・好き嫌い・容姿など）に遭遇し、区別・差別にとまどいを覚えます。そして、良きに付け悪しきに付け、喜怒哀楽の感情に身も心も翻弄《ほんろう》される人生を歩んでいきます。その喜怒哀楽の感情の一つ一つが生きていることの証であり、その感情により、幸・不幸の人生が演出されているのです。ほとんど

の人がこの喜怒哀楽に左右される人生ですから、楽しく、面白く、変化があります。それほどまでに人間の人生には味があるのです。人間味の真髄とは、喜怒哀楽のある人生だからこそ感じられるのではないでしょうか。

※4：四苦は「生老病死《しょうろうびょうし》」であり、読んで字のごとく、生きる苦しみ、老いる苦しみ、病気の苦しみ、死ぬ苦しみをいいます。八苦は「怨憎《おんぞう》会苦《えく》＝怨み憎む者と会う苦しみ」、「愛別離苦《あいべつりく》＝愛する者と別れる苦しみ」、「求不得苦《ぐふとっく》＝求める物が手に入らぬ苦しみ」、「五陰盛苦《ごおんじょうく》＝五官《ごかん》煩悩《ぼんのう》が燃え盛る苦しみ」を言います。

これまで述べたことをまとめると、前世の裁定は、自らの心の中にある神性、つまり、人を創った時の神の心ともいえる存在が判断します。前世での因果応報は、すべて自己責任（自分のやったことの責任は自分で負う・やったことはやり返される因果も含める）として自らに課し、自らが選択します。つまり、神に祈り、救済を求めても、自らがそれを阻止する仕組みになっているのです。心こそが裁定の基準となるのですから、もし祈るのであれば、自らの神聖な心に祈りをかけるべきなのです。

前世・過去世で自分が決めてきた結果が今世の人生に反映され、幸せにも不幸にもなっています。もちろん、魂・心の反映でもある肉体も、健康、病気のどちらでも自由選択ができます。こんなことをいうと、「えっ！　健康か病気のどちらでも選べるの？」と聞き返される方がおられると思いますが、まさに病気はすべて自らの心がつくり出しているのです。生活習慣や普段の生き方・考え方、他人との関わり方、生活の仕方が病気をつくっています。

自分と違う他人の考え方に矛盾や不満を感じ、その心（不満）に対しての現わし方として、食べ過ぎ、飲みすぎ、働き過ぎ、遊び過ぎなどの習慣が生まれます。そして、肉体が発するさまざまな警告を無視してその生活を続けた結果、病気が発生します。病気が肉体だけに止《とど》まらず、そもそもの原因である心・精神自体にまで及ぶ場合も多く見受けられます。

ところで、私たちはなぜ、祈りの際に合掌するのでしょうか。実は、この行為は自らの掌の温もりを感じ、肉体から発せられる叫び、警告、メッセージを受け取る手段でもあるのです。つまり、掌を合わせることで、内在する守護霊（分霊たち）の思いを、言葉ではなく心という波動（感情・理性・思考など）によって受け取る行為なのです。祈りは決して神仏への願いごとや供養のためだけに使うものではないのです。

魂は六人編成の分霊で成り立っている

人間の魂は六人の分霊で編成されており、その分霊たちが順々にこの世で肉体を持ち、輪廻しています。決して一つの魂だけが輪廻転生を繰り返しているのではなく、必ず自分と思う魂（顕在意識）以外の魂が関わっています。その最大の意味は、輪廻のたびに新たに現われる魂（自我・顕在意識）がまだあまりにも幼く、この世の経験も浅いからです。最初に肉体に宿るのは自我ではなく、前世または過去世の魂本人です。その魂が人生の方向性を見守る守護霊[※5]となって関わってくるのです。

つまり、「今世の人生は自らが決める」と前述したように、その人生を見届ける責任を持った守護霊として、自分たちで決めた両親の母体に生命を宿します。もちろん、自分の決めた人生として、です。両親が生まれる国、両親それぞれの親、自分の兄弟、将来の伴侶（誰と結婚するか、何度結婚するかなど）、その子供たち（産む・産まない・産みたくても産めないなど）もすべて決めてきます。また、自分のまわりの人々、社会（仕事）なども含めて運命・寿命を決めています。

※5：今までの守護霊の概念は、「今世の自分の人生を見守ってくれる霊」

の意味合いが強いと思われます。守護霊は自分の亡くなった祖父母や、叔父・叔母などの親戚、両親である、といわれることもありますが、決してそれは間違ってはいません。それらの人たちも魂の縁があって、守護霊の一人になる場合もあります。

しかし、本来は自らの前世・過去世における自我意識、すなわち、自分の魂そのものが守護霊、つまり「ハイヤーセルフ・高位なる自我」[※6]です。前世、もしくは過去世で決めてきた人生の課題を、同じ守護霊である人々の魂と共同で、確認・修正・遂行するために存在しているのです。

※6：「ハイヤーセルフ」は、その人の魂そのものです。輪廻転生のすべての記録を備えている、アカシック・レコードを内蔵するアストラル体（魂）を意味します。これは、神の魂と常に連動しています。

つまり、神から創られた魂と共に、神に通じる神性を宿している部分なのです。
この部分は、六人の分霊の中心的存在であり、これを人の手に例えると（次ページ「6つの分霊の関係」図参照）、掌の部分がハイヤーセルフそのものです。そして、五本の指が分霊であり、ソウルメイトとも、また、守護霊とも言うのです。

前述のように、私たち人間は神から自由を与えられています。しかし、今世の魂が自由であっても、心の選択肢が神の道から外れる時は、「良心」である「神の心」が修正を加えることもあります。でなければ、人間がその命の尊厳を維持することができるはずがないのです。人の命を平気で奪うことは誰にもできませんが、その肉体に憑依《ひょうい》するのが守護霊やソウルメイトだけではなく、その人の波動に合わせた霊である場合があります。この霊たちが悪意を持っていると、憑依霊の圧力を自我意識に掛け、意思を抑圧しながら肉体に殺人を指示します。これが憑依現象による人間の行動です。もちろん、

6つの分霊の関係

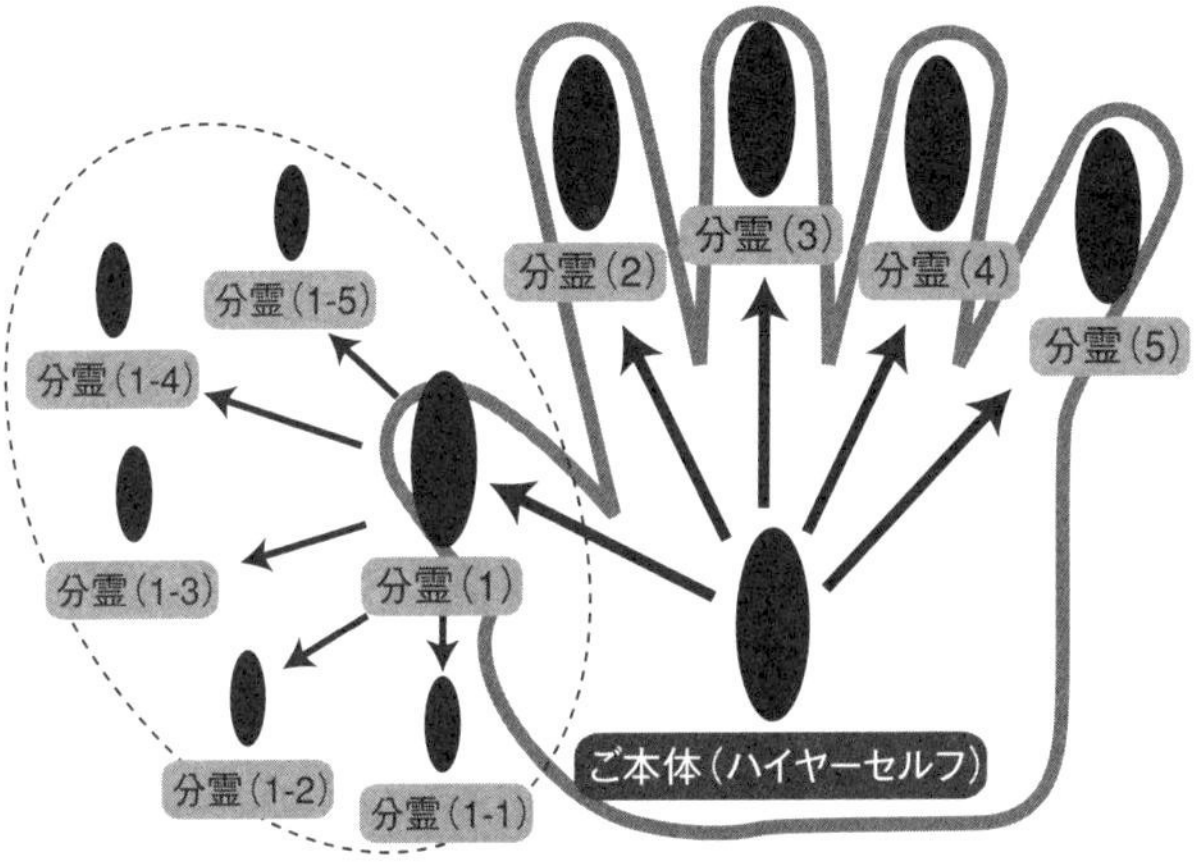

意味があるから殺人を行うのであり、因果応報という輪廻転生の中に含まれた課題をこなしているだけともいえます。

あなたは、前世の分霊としての存在として今世生まれてきたのです。結局、自我意識も守護霊も魂は「ハイヤーセルフ」一つであり、分霊となり、肉体を持ちながら、魂の習性と役割を通して人生を延々と演出し続けます。創造主が神を創ったように、神はもともと多種多様の考え方を宿す（一念三千の心）ことを題材として人間を創りました。人間は創造主そのものの一つの魂から分かれており、肉体を個別に持った「個人」という意味で人格（魂）分けされているにすぎないのです。

人生には「波長同通の法則」というものがあります。これは「人間の想念の波長合わせ」です。人間には魂、心の波動があります。前述した一念三千の心があるように、人それぞれの思い、感情があり、それが波動・波長となって他人と共鳴・協調したり、反発・抵抗したりします。その波動や波長がプラスの考え方の人もいれば、マイナスの考え方の人もいて、プラスの人にはプラスの人たちが、マイナスの人にはマイナスの人たちが集まります。この現象が「人間の想念の波長合わせ」として厳然とあるのです。そのために、マイナス面が多い人生は、たとえ自分で決めてきたとはいえ、必ずそのようになります。ということは、自らがマイナス面をプラスに修正することで、運命は変えられるともいえます。しかしながら、この見極めはそれほど簡単ではありません。いろいろな人や物が出会いとして関わった時に、その出会いの意味を感じ、行動した人だけが人生を変えられるのです。

　では、出会いの中でも特に重要な、親との関わりのメカニズムについて詳しくお話ししましょう。あなたのご両親が夫婦となり、結ばれて母体にあなたの生命は宿りました。4か月目の1週頃、その生命にあなたの前世か、過去世の魂が入魂され、十月十日《とつきとうか》を過ごします。

　その間、あなたは何をしているのかといいますと、家族・親族の構成と自分が将来置かれる環境を学びます。つまり、両親の性格やその波動（感情・人と接している時の対応の状態など）や仕事などを知るのです。

言葉も波動で感じています。電話の会話のような感覚で両親を認識しており、母は有線電話、父は無線電話のような感覚です。また、性格的な要素も敏感に感じており、母と義父母との仲が良いか悪いかもわかります。仲が良ければ、生まれた子は義父母とも好意的に接しますが、悪ければ抱かれることを嫌がるなど、その態度が母の心と同調する様子がまま見受けられます。母子の相性が合わない時は、ツワリがひどいなどの現象が見られます。

このようなことがあるので、両親はお腹の中の赤ちゃんには話せば通じると思ってください。胎教も含めて、親としての良い接し方が大切です。そして、十月十日の時が過ぎて出産され、あなたの今世が始まります。しかし、肉体が未熟であるため、自我は心身ともに成長する3歳ぐらいまでに徐々に目覚めます。兄弟とけんかする時の泣き・笑いなどの顕在意識（心）が芽生えてくるのです。

さて、人間（あらゆる動物たちも）は、夜になれば肉体を休ませるために睡眠をとりますが、その時、肉体が休むというスイッチの切り替えとともに、顕在意識（心）は無意識に切り替わります。魂は常に起きている状態で存在しているため、夜ごと内在する守護霊と交流を重ねています。つまり、人生を決めてきた張本人の魂（前世・過去世の分霊）と、今世の人生について予習・復習のように打ち合わせをしているのです。不思議ですが、これが今までに誰も明かさなかった人間の輪廻転生における一つの原則です。

そして、目が覚めた時、当然スイッチは現世モードに切り替わり、夜の打ち合わせのことは顕在意識の記憶に残っていません。しかし、少しだけ夢という形で残すこともあります。その意味は、予告・予兆などを知らせる必要のある時に行われます。また、その夢が正夢として実行され、現象として現われることもありますが、頻繁《ひんぱん》ではありません。

寝るという行為によって、日が沈んでから夜中の2時頃までに、全身に流れている血液の約60％が肝臓に集められます。ということは、全身に残されている血液は40％しかなく、当然のようにエネルギーは低下します。しかし、これは限られた身体の動きで十分だからです。やがて、朝日が昇る頃には、徐々に肝臓に集まった60％の血液が心臓に送られ、全身の活性化につながるのです。ちなみに、心臓から出た血液は約24秒で身体を一周して、また心臓に戻ります。心臓が1日に全身に届ける血液の量は、ドラム缶約40本分です。

もちろん、これは血液がサラサラであれば、の話です。ドロドロ血液の場合にはそれほど早く戻らず、各臓器や細胞に残ります。この汚れた血液が身体に充満すると、健康を保てません。全細胞の機能低下を起こし、あらゆるところで障害をもたらします。最悪の場合、臓器を不全（死）に至らしめることもあるのです。

役割を終えた血液は、腎臓で再度濾過《ろか》された後に、尿管や直腸などに送られて排泄されます。しかし、便秘の場合には、この不要な排泄物に含まれる活性酸素などの毒性のガスがもう一度体内に吸収されてしまいます。その結果、さまざまな障害をもたらし、アトピー、アレルギー、花粉症などの原因となるのです。女性は美しさを肌だけに求めるのではなく、まず原因を紐解《ひも》き、対応することが必要です。

我々人間の人生や社会に起こり得ることに、「偶然」は一つもありません。すべてが「必然」であり、自分の意志で仕組み・仕組まれています。それを知らないのは、私たち地球人だけなのです。この太陽系での他の惑星の人間はそのことを知っています。ですから、彼らには偶然という考え方自体がありません。彼らは地球人とは違い、高意識レベルの人々（人間）です。自我意識や我欲がなく、利他意識や慈悲・愛の深さがあります。それに比べて、地球人は人間としての魂の資質が低いので、何回も何回も輪廻転生を繰り返さなければ魂の成長・自我すら見極められないのです。

ところで、なぜ、地球人には「他の惑星にも人間、動物、生物が生きている」ことを知らされないのでしょうか。それは、地球人がいつも戦いに戦いを繰り返し、世界中の歴史を血に染めてきた人種だからです。その根幹にあるのは、エゴイズムという考え方です。その考え方は、宇宙人（特に、ニビル星を含むオリオン星の人々）から地球人に植え込まれました。そのエゴは、進歩・向上という発展志向もありますが、裏では比較と競争を生みます。自我欲（個人及び国単位で行われる、自分さえよければいいという考え方）は止《とど》まることを知らず、不足している物・金・領土を欲し、権力を行使しようとするのです。

自我欲の顕著な姿として、アメリカを例にご覧いただければわかるでしょう。アメリカは世界制覇を目論《もくろ》み、過去にはベトナム、アフガニスタンに、今ではイラクに戦いを挑み、次はイランすら標的にせんと、世界警察のごとくの武力を誇っています。そして、戦争の名の下で人間の生命を奪っています。こんな地球人が、もし宇宙にいる生物たちや人間を見つけたら、戦いによる侵略をしないという保証があるでしょうか。また、宇宙の法則がそうした地球人の横暴を見過ごすでしょうか。否、それ以前に、宇宙の法則は浅はかな地球人の力などでは及ばない世界であり、手出しなど一切できない仕組みになっているのです。

したがって、現代文明・社会が築いてきた常識や仕組みとして、これまでにアメリカのアポロ計画、ソビエトのソユーズ計画等、宇宙開発の中で知り得た宇宙での事実はすべて抹消されるようになっています。幼子が泣き叫ぶがごとき姿の我々地球人の意識レベルでは、それらの事実は全く知らされないのです。

もし地球人の統治者が他の惑星を侵略しようものなら、宇宙の法則で処罰されるでしょう。これらのことは、今でも私たちの知らない世界（異次元）で日常的に行われている、と皆様にお伝えしておきます。

エゴイズムが主となった自我意識で生きている地球人は、フォトンベルト（五次元意識の光の想念帯）を通じて、あと数年後までにこの太陽圏から排除されようとしています。もちろん、地球人の中には五次元意識の人々もいますが、非常に少ない（地球人口67億の約0・4%）のです。

ここで、魂の変遷について考えてみましょう。「魂は永遠に不滅である」という言葉をご存じの方もおられるでしょう。肉体がなくなっても魂は必ず生き残り、肉体から離れ、天国、地獄、あるいは現世（三次元）に残って浮遊するか、のいずれかをたどります。そして、前世・過去世での所業ゆえに、それを原因とした人生を今世に組み立てて生まれてきます。これまでに説明したように、輪廻転生でいう「自己責任が原則」での因果応報の世界です。

それでは、一つの例としてその輪廻転生を表記してみましょう（次ページ「魂の変遷」表参照）。

これはあくまでも一つの事例として、私が神から伝えられたある前世を表わしたものです。すべての人の前世や過去世がこのように詳しい鑑定結果として明らかになるとは限りません。私の通信する神がすべてを伝えるとは限

魂の変遷

	過去世〔500年前〕 0〜45才死亡	前世〔250年前〕 0〜55才死亡	今世〔現世〕 0〜現在41才 75才寿命
どこで(国と場所)	エジプト(カイロ)	日本(静岡)	日本(栃木)
性別	男性	男性	女性
両親の職業	父・大工／母・主婦	父・武士／母・主婦	父・商売人／母・主婦
両親の性格	父・荒く短気／母・優しく温和	父・厳しく律儀／母・躾、教育にこだわる	父・優しく穏やか／母・理屈っぽい
本人の性格	荒く、短気だが優しい	頑固で強情	献身的で優しい
本人の問題点	酒ぐせが悪く暴れる	感情的になると見境がない	男嫌い(男が怖い)
本人の仕事	土方→大工→遺跡発掘者	武士・剣の達人	看護師(婦長)
伴侶の性格	気が強い	質素で落ち着きのある人	独身
伴侶の問題点	子供を可愛がらない	気が弱い	
伴侶の仕事	主婦	主婦	
何人目の伴侶	1人目	1人目	
子供の性格	長男・強情／次男・短気／三男・怖がり	長男・おとなしい／長女・優しい	
子供の問題点	長男・父親ゆずり／次男・独立心／三男・あきっぽい	長男・早死(2才)／長女・事故死(10才)	
人生の問題点	財産があるが病気がち	剣に生き、たくさんの人を殺した呵責をもつ	結婚に縁がない、アルコール中毒ぎみ
人生の解決法	分からずに過ごす	仏門に入る	仕事に生きる
死亡の内容	盗賊に殺される	病死	未
カルマの内容　幼年期	父が怖い、反発する	厳しく育てられる	幸福　人助け
カルマの内容　成人期	財産に執着する、妻と折り合いが悪い	人を殺すことに狂喜する、その為因果は子供の死に至る	仕事に生きるが孤独
カルマの内容　壮年期	殺され無念の思いを残す	人を殺めた呵責で仏門に入る	前世に沢山の人を死なせたその罪の呵責により、人助けの看護をする人生

濃淡表示(例)

天国	地獄
前進	後退

神性　尊厳　向上　苦悩　不幸　罰

らないからです。人それぞれに抱えている課題や問題点の内容に応じて、鮮明・不鮮明の差が出てきます。鑑定の依頼者に詳細を知らせることは必ずしも人生での学びにはなりません。学びにならないことは言わないのが、神の意志なのです。

神にさまざまな質問をするとき、その見極めは非常に難しいものがあります。聞いている相手が本当に神なのか、という問題があるからです。ときには、神ではない霊・動物霊・浮遊霊など、不確かな相手が関わっている場合などもあります。特に、鑑定する相手の守護霊に確認する場合、守護霊は主観的に自我から答える場合が多いので、熟達している霊感者であっても、この見極めは非常に困難であるといえましょう。

また、この見極めは霊・神と接触している者の心の状態によっても変わってきます。その人が私感・主観などの自我を基本とした判断（通信）をしていれば、決して神が関わることはありません。私の元に他の霊感者・占い師・治療家などの人々が多く来られることが物語るように、この原則は誰しもが分かり得ることではありません。つまり、「ほんもの（神との通信を直接行える人）」は、この霊界の世界に関わる者の中には「ごくごく少ない」といわれているのが事実なのです。

しかし、その「ほんもの」と思われる人ですら、私利私欲が心に絡むと、即時、神は一切の通信を閉ざします。その後、自我で「ほんもの」と思い込み、行動をしているその人は、再び神からの意思を伝える役割はなくなります。そして、他の霊の意識とすげ変わっていることすら分からないまま行動しているのです。情けないことですが、これが人間の浅はかさです。

〝私は生きている〟？　否、〝生かされている〟

さて、ここからは、人間の心と体の仕組みについてお話しをしましょう。

私たちは確かに自分の意志で輪廻転生を選んでいますが、これはすべて、宇宙の中のごく一部の、地球という惑星のルールによるものです。では、地球に生息する人間と、動物、植物などの生物は誰が創ったのでしょうか。また、誰が宇宙やそのルールをつくったのでしょうか。このことについては、順を追って説明していきますが、その前に人間のメカニズム（心と体の仕組み）について触れておきましょう。

人間は、地球と他の惑星たち（太陽、月など）との相関関係により成り立っています。ともすれば地球人は、自分の力で生きていると錯覚していますが、それはトンデモナイ間違いです。

確かに目、鼻、口、耳、手足などの四肢は自分の意志で動かすことを許されていますが、では、肉体内部の臓器、骨、細胞などは自分の意志で動かせるでしょうか。いや、誰一人として自分の意志で動かせる人はいないでしょう。では、何が肉体を動かしているのかといえば、それは「気」です。万物（惑星、人間・動植物などの生物）は、すべてがこの気により生命をもらっているのです。

太陽からは光・熱・赤外線などの恵みを、月からは休息・安らぎ・引力などを、地球からは空気・水・土と、動植物などの生物、鉱物などの恩恵を受けています。それらがなければ生きていけないのが人間です。人間は、これらの存在により生かされているのです。

私は人間の細胞や臓器と話をする

私たち人間の細胞や臓器には、精霊が宿っています。精霊たちはそれぞれに役割を持ち、人間と同じように魂があり、各々に連携を取り合っています。その細胞・臓器たちは、大気中に存在している「気」により生かされており、それによって私たち人間も生かされています。

他の動植物・昆虫・微生物に至るまで、「あらゆる生物が同等に気で生かされている」という事実は、物理・化学・人類学・生態学という、学問の基準を当てはめたがる人にはナンセンスといわれるかも知れません。しかし、空気がなければ人も動物も何もかもが生きられないことを、何と説明するのでしょう。光・熱・電気・電波・磁力など、目に見えないものは、すべて大宇宙の気によって成り立っており、その気により細胞・臓器が動かされています。そのことを私は創造主から教えられ、皆様にお伝えしようとしているのです。

さあ、自分の細胞や臓器と話してみませんか。体が痛いときやだるいとき、疲れているときだけ身体に意識を向けるのではなく、日頃から健康で、元気で、何もなく過ごせていることに感謝してみてください。こんなことを書けば、「ええっ、身体に感謝する？　冗談でしょ？」とおっしゃる方もおられるかもしれません。しかし、ほとんどの方が身体への感謝を忘れており、健康であることをさも当然のごとく受け止めて、日々、過ごしておられるのが実情です。

私たちの臓器が病に侵されるのは、体液の汚れが主な原因と考えられます。臓器はそれぞれに限度を持ち、その限度を超えたときに、必ず予告・予兆などで警告し、我々に知らせます。しかし、それを軽視したり、見過ごしてしまったりした結果、それぞれの臓器の限度を超えて大きな病気に見舞われる経験を沢山の人々がしています。それを単なる病気の症状としか考えず、各臓器がどれほどまでに苦痛を感じているか、分からずにいるのです。

病を患っている方が当院を訪れ、目の前に座られた時、私たちは何一つとしてその方から病気の情報を聞きません。その方の肉体から、病魔に侵された状況を一つ一つ聞き取ることを繰り返し行います。臓器にはそれぞれの役割があり、その役割を持つという事実こそ、すべてに精霊たちが関わっている証拠なのです。

例えば、アメリカで心臓を移植された人が、移植後に食べ物の嗜好が変わり、手術前まで全く口にしなかったものをパクパク食べているという例があります。また、以前は非常に短気だったのに、手術後には決して感情を高ぶらせることがなく、平穏に過ごしている例もあります。これは、臓器移植によって嗜好や性格までもが変わるという事実の報告です。

私たちの五臓六腑には、それぞれ嗜好や感情があります。心臓は「苦いもの」が好きで、「驚きや喜び」の感情を持っています。肺は「酸っぱい」ものが好きで「悲しみ」を持ち、肝臓は「甘いもの」が好きで「怒り」を持ち、腎臓は「しょっぱい」ものが好きで「憂い」を持っています。

このように、私たちが共に生きている臓器たちは、実は「自分の感情（顕在意識）とは違う感情を持っている」ということを知っていただきたいのです。そのような各臓器が、全身の機能とそれぞれに連携を取りながら働いているのです。

私の気功施術における最大の特徴は、病を患った方の臓器との通信により、その方の日頃の生活習慣が知らされることです。私たちはともすれば日頃より、食べ過ぎ、飲み過ぎ、働き過ぎ、遊び過ぎといった生活になりがちです。また、人から悪く言われたことを取り込み過ぎたり、人に悪いことを言い過ぎたりします。このように、過ぎた行いによって、各臓器における限度・許容を超えてしまい、病気となるのです。

甘いものが好きだからといって食べ過ぎると、肝臓に異変が起こります。

同様に、飲酒を好む人も肝臓を患い、肝硬変といった症状に現われます。ですから、臓器たちも私たちと同じ生き物として魂を宿し、生きているという事実をここで新たに認識をしていただきたいと思い、あえて再度お伝えしておきます。「過ぎたるは及ばざるがごとし」です。

さて、もう一つお話ししておきたいことがあります。それは「言葉」についてです。皆さまがお使いの言葉、すなわち文字の起源についてです。

地球上での文字は、最初に、

・「いろはにほへと」という、心・精神の神々を表わす言葉

・「ひふみよいむなやこと」という、身（肉体）・数の神々を表わす言葉

の、各48文字により始まりました。「い」の神、「ろ」の神、「ひ」の神、「ふ」の神と、それぞれに役割を持たせ、意味を持たせて創られたのです。これは、宇宙創造の生業《なりわい》の根源であるといわれています。言葉に意思を持たせた神々がいるということです。

もう少しくわしく説明しますと、創造主が意思を告げる手段として、創造の念の波動を音波として表現するために「言葉」を創られました。その言葉の一文字一文字に、それぞれの神々が関わっておられます。その意味でも、神々の意思・魂が関わっている言葉は、言魂《ことだま》ともいわれるように、魂が宿っているのです。

創造主が、無限の世界から有限の世界・宇宙そのものを創った時、「宇」は空間、「宙」は時間、「世」は時間、「界」は空間と考えられました。創造主の念のエネルギーである「気」が「基意（もとの意思）」により物質化した時、宇宙の原則は第一に「あらゆるものに神の魂を宿す」とされました。

次に、その神が創られた物や動植物などにもある一定の魂を宿らせ、最後は人間に神の全霊を宿らせました。人間の魂は、動物のように本能による叫びを通信とせず、魂・意思の意味を相互に交換する方法としました。つまり、神々の役割そのものを「言葉」に刻み、人間の意思の疎通に使わせたのでした。それは、神が人間を創らしめたその時、与えられたものなのです。

明治25年大本開祖出口直刀が自動書記によって残した48文字

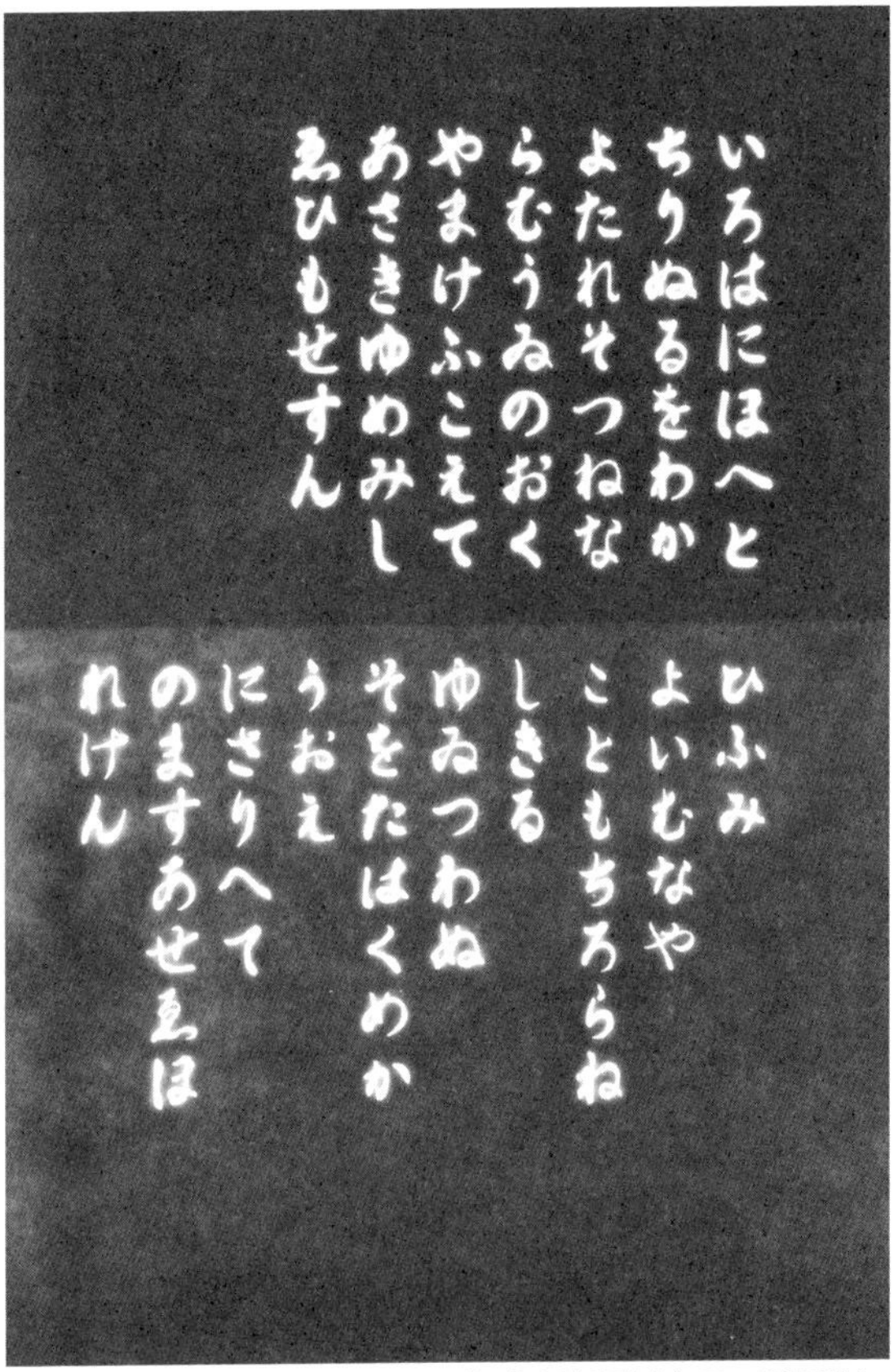
いろはにほへと
ちりぬるをわか
よたれそつねな
らむうゐのおく
やまけふこえて
あさきゆめみし
ゑひもせすん
ひふみ
よいむなや
こともちろらね
しきる
ゆゐつわぬ
そをたはくめか
うおえ
にさりへて
のますあせゑほ
れけん

ひふみともこ著「神誥記」(今日の話題社) より

神は、前述の通り、まず48文字の「ひらがな」を創りました。現在は、会話につなげるために母音と子音に並び替え、48文字に同じ音の2文字を加えて50文字になっています。皆さまが日頃からお使いになる、あの「あいうえお」から始まる50音の文字です。それから「漢字」を創り、その漢字にすべての物の生業《なりわい》の意味を含め置きました。

また、数字は単なる数を数えるだけの役割ではなく、一つ一つに数式としての意味も持たせて、宇宙の生業と因果を含ませました。

次に、「カタカナ」が創られました。ちなみに、漢語は日本語の並び方を入れ替えたことにより成り立った言葉です。それを横文字に並び替えたものが英語であり、他の外国語なのです。これらの変遷には長い年月を経ており、皆さまにおいても解釈の線引きが難しいかと思いますが、「漢字の発祥の地は4000年の歴史がある中国である。なぜなら、日本には、2600年前の神武天皇より古い時代の記述が残されていないからである」というのは事実ではありません。言葉自体は日本を発祥とした、数十億年の歴史による位置付けがされているのです。

生物にはすべてオーラがある

私たち生物には、生体エネルギーであるオーラ[※7]が常に関わっています。目に見えない心、感情・霊、そして物理的な光・熱・電波・電気・磁力など、すべてが気により生かされているのです。肉体には目には見えないチャクラ[※8]という気の出入口が7か所（身体の前後含めて12か所）あります。また、その気の出入口と連動した7層のオーラがあります。他の動物においてはまた違った形状・個数・個層があります。

人間のオーラは、大別すると12種（詳しくは48種）の色を持っています。これらは、人間が人間としてのあり方を問われる大きな特性・特徴を表しています。仏教でいうところの「一念三千の心」を持ち、その心をいかようにして生きても自由であるかわりに、自由の名の下において行ったことのすべてが自己責任として因果応報の世界へと導かれるのです。いわば、因果応報そのものが輪廻転生に関わっているのです。

ここで、オーラの本質についてお話ししましょう。純然たる人間の生体エネルギーであるオーラもチャクラも、我々の目には見えず、ただ悠然と存在しています。過去にありとあらゆる人々が研究してきたにもかかわらず、誰一人としてオーラの解明に至ることができませんでした。しかし、昨今やっと、ＮＡＳＡに勤務していたバーバラ・アン・ブレナンという女性が、「オーラが私たち人間の意思表示をすべて現わしている」ということを確認しました。オーラに関しての理解を得るまでに、人類はどれほどの時間を費やしたでしょうか。

※7：オーラは次の図のように7層に分かれていますが、はっきりと分かれている状態ではありません。むしろ不鮮明で、虹のように色分けして特徴を持たせています。身体の健康状態や心の状態によって、

7つのオーラ層

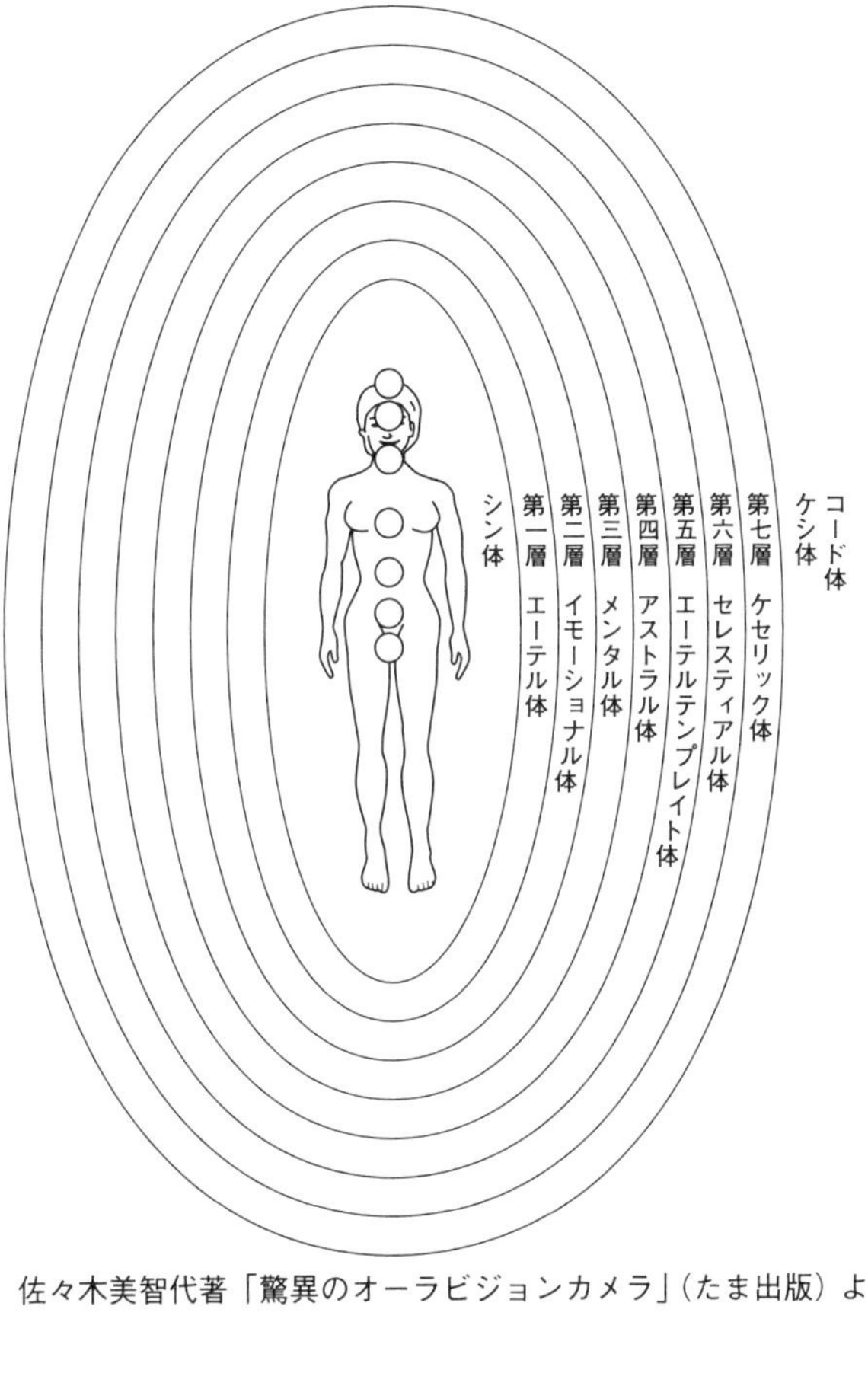

佐々木美智代著「驚異のオーラビジョンカメラ」（たま出版）より

その色が変化する人も多く見受けられます。生体エネルギーの精神性を表わすオーラに対して、チャクラは肉体の状態を表わしています。身体の最低部位にある第一チャクラ（尾骨周辺）と第一オーラのエーテル体は連動しており、他の部位も同じように連動しています。常に心と身体はつながっているのです。

オーラの第一～第三層は今世の自我意識であり、三次元・現世世界の記録を持つ顕在意識（エーテル体）として行動している部分です。そのため、良きにつけ悪しきにつけ、常にシン体（肉体）に影響を与えています。食べ過ぎ、飲み過ぎ、働き過ぎ、遊び過ぎ、人に悪いことを言い過ぎ、人から悪く言われたことを取り込み過ぎなど、自我意識は限度を超えて身体に無理（制約）を掛けてしまいがちです。自分の今世の人生そのものがある部分といえるでしょう。

オーラの第四層は「三次元と四次元の境目」であり、アストラル体が存在します。生きていながらも両次元に通じ合える（霊界通信や神との交信をする）部分です。ここには自らの今世・前世・過去世の記憶のすべてが内蔵されており、アカシック・レコードと呼ばれています。このアストラル体が輪廻転生を行います。

次に、第五～第七層は四次元以上の世界です。前世・過去世の魂の部分であり、ここに一人以上の守護霊やソウルメイトが関わっています。自分の三次元人生を決めた意識の当事者であり、シン体に宿るエーテル体とアストラル体を通じて毎晩交信している部分です。つまり、今世決めてきた人生の予習・復習を行うわけです。この時点では睡眠中なので、肉体は休んでいますが、エーテル・テンプレート体が寝ることはありません。朝起きた時に、一部夢という形で予習・復習の内容を残す場合もあります。「初めて出会ったはずなのに、以前に出会ったような気がする」とか、「この場所に来たことがあるような気がする」「なぜかここは懐かしさを感じる」など、いわゆる〝デジャヴ〃（既視体験）の経験はありませんか。これは、すでに予習・復習で予知・予告し、夢で現わしているからなのです（霊界・幽界の世界、憑依霊との交信をしている）。

第七層の外側に存在するケシ体とコード体は、テレパシーによる神・霊・魂などの世界で、五次元意識以上の世界へのパスポートがある部分です。つまり、この意識レベル（利他意識）までに達するのを目標として、人間は輪廻転生をしているのです。

最後に、これらの各層を一貫して通しているのが、アンタカラーナというアンテナです。すべてのチャクラ・オーラとも連動・連結して、血液のように通じ合っています。この部分こそ、すべての人間に神が宿ることを約束されている証なのです。

※8：チャクラは56ページ図のように7つの部位に分かれています。上下部に向かいあった第一と第七は1か所ずつ、他の第二〜第六は身体

の前後に2か所ずつあります。よって、全部で12か所となります。チャクラの形は、ラッパが7つ束ねてあるように見えます。ラッパの形が均一の時は正常ですが、イビツになり、壊れている時は何かしらの病気を患っているという状態です。各々の部位は次のような役割があります。

オーラとチャクラ

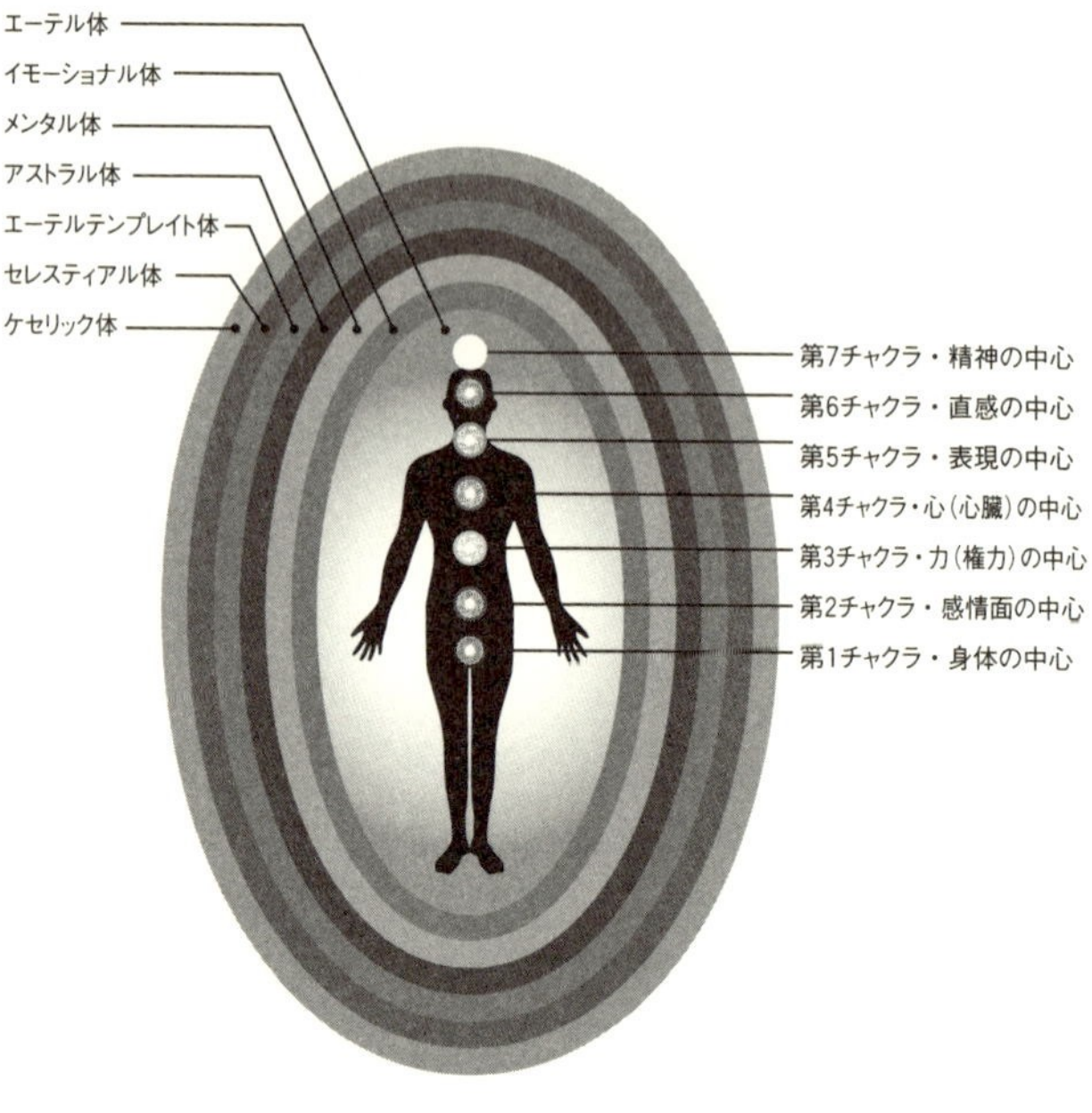
エーテル体
イモーショナル体
メンタル体
アストラル体
エーテルテンプレイト体
セレスティアル体
ケセリック体
第7チャクラ・精神の中心
第6チャクラ・直感の中心
第5チャクラ・表現の中心
第4チャクラ・心（心臓）の中心
第3チャクラ・力（権力）の中心
第2チャクラ・感情面の中心
第1チャクラ・身体の中心

◆第一チャクラ——身体の中心
第１チャクラは生命力、エネルギーそのものを反映します。
場所：脊髄の一番下の箇所
部位：骨、脊髄、足、血液系、生殖器系
色：赤
元素：地球、土
内分泌腺：性腺
調和：生命力、活動、強い性的能力、差別、安定、強い感情
不調和：サバイバル、極度な不安、無気力、性的不満、幻想、疾患

◆第二チャクラ——感情面の中心
第２チャクラは感情、感覚及び完成を反映します。
場所：おへその下（臍下丹田）
部位：血液、リンパ、消化系、腎臓、膀胱
色：オレンジ
元素：水
内分泌腺：副腎
調和：順応性、自己満足、良好な血液循環
不調和：血液循環の滞り、腎臓や膀胱の問題、嫉妬、孤独感（寂しさ）

◆第三チャクラ——力（権力）の中心
第３チャクラは個人的な力（権力）、活動的な知性、及び人格の発展を反映します。
場所：太陽神経
部位：消化系、肝臓、脾臓、胆嚢、膀胱
色：黄色
元素：火
内分泌腺：膵臓
調和：強いパーソナリティ、良い知性及び分析的思考、勇気、創造性、独立心
不調和：肝臓、胆嚢・目の問題、依存、傲慢、不安

◆第四チャクラ——心（心臓）の中心
第４チャクラはすべてへの愛情、慈愛の性質を反映します。このチャクラはヒーリング、献身、及び無我と関係しています。
場所：心臓の上部、胸
部位：心臓、肺、皮膚、血液循環
色：水色
元素：空気
内分泌腺：胸腺
調和：愛情、無我、寛大
不調和：呼吸器系及び血液循環の問題、喘息、自己中心的、優柔不断

◆第五チャクラ——表現の中心
第５チャクラは、創造性、コミュニケーション、表現及びインスピレーションを反映します。
場所：喉
部位：喉、首、食道、すべての発声器官
色：青、緑
元素：—
内分泌腺：甲状腺
調和：良いコミュニケーション、創造性、感情や思考の表現
不調和：コミュニケーションと表現の欠如、感染、すべてのものへの反感、怒り

◆第六チャクラ——直感の中心
第６チャクラは、視覚の中心とも呼ばれるチャクラです。このチャクラは直感、精神及び意思の力及び内面の知識を反映します。
場所：目と目の間
部位：眼、顔、中枢神経系、身体バランス
色：藍色、紫色
元素：エーテル
内分泌腺：脳下垂体
調和：直感、高い倫理、人気、明確なビジョンと思考
不調和：依存、満たされない欲望、優柔不断、バランスの崩れ

◆第七チャクラ——精神の中心
第７チャクラは霊的な繋がりのチャクラです。このチャクラは悟り、意識のより高い次元とのつながりを示します。
場所：頭頂
部位：脳
色：白、紫
元素：空間、エーテル
内分泌腺：松果体
調和：バランスがとれたまとまった人生・生活、悟り
不調和：全くの無意識、昏睡、死

誰が人間を創ったのか。万物の霊長とは

我々人間を創ろうとした意思、それこそが創造主という存在です。創造主は、神々に役割を持たせました。神々は物質を現象化するために、念の集合体として惑星や恒星を創りました。次に、惑星に生息させる、あらゆる生物・動植物を創り、最後に人間を創りました。

地球や地球人の成り立ちも同様です。地球は他の惑星との因果関係により成り立っています。太陽の光と熱をいただき、月からは休息と安らぎ、引力をいただいたのです。そのおかげで、地球においては命の根源となる空気・水・土、動物・植物など、あらゆる生物が存在します。これらの創造主の意図は、ほとんどの地球人に知らされてこなかった事実といえましょう。

創造主は自らの理念を持っています。その存在は、意思という立場を持つ光の集合体です。温度が約6000度あるとも言われている太陽の無限大の

倍率の光として存在しているといわれています。創造主のご本体意識からは、48体（四十八《よとや》の神）に及ぶ分霊が創られました。その分霊が各ゾーン・エリアにおける役割を担い、あるものには神としての肉体を持たせ、我が地球の日本においても、ありとあらゆる生物や食物、形ある物（八百万の神など）を創られました。そして、生命を授かった万物に進化を促すべく、「成長のための時間」を与えられました。

最後に「神がつくられしもの」[※9]が、万物の霊長である人間でした。人間の肉体に魂を宿すとともに、輪廻転生のために「人生」という時間を与えました。人が神に成り得るまでの時間、つまり「間」を「人」に付けて「人間」と言わしめたのです。このように、我々人間はあらゆる万物の霊長として魂を宿し、肉体をもった存在から神へとならんがための過程で、動物・植物・昆虫・鳥類・微生物などのあらゆる生物と関わり、その生物たちの成長を見守り、相互に共生し、循環することを学ばんがために生存しているのです。

しかし、我々人間は、霊長（「万物のかしら」の意味。人間が学術的な見地から自称し、その出身の動物グループを霊長目と呼ぶ）の名に甘んじて、動植物を好き放題に取扱い、動物に至ってはその命を奪い、肉を食べています。それが人間の特権のごとく、我が物顔に神々が創られた生物たちの命を蹂躙《じゅうりん》しています。地球環境、生態系だけでなく、自らの生息環境まで破壊しています。

※9：神が創られしものとは、人間の身体を心臓・肝臓・腎臓と呼んでいることにも表われています。その心・肝・腎を「神」に置き換えて読んでみてください。すべて「しんぞう」・「かんぞう」・「じんぞう」と読めます。身体は「神体」に置き換えても「しんたい」と読めます。神経「しんけい」は「神の経（かみのみち）」と書きます。精神「せいしん」にも神が付いています。

ここで、「月」との関連についても触れておきましょう。

「月」は太陽の分霊であり、太陽の「日」に対する二極の世界の典型を示しています。日は生命を活かすエネルギーとして働き、月は地球の生物の肉体を司る役割を各々持ち合わせています。常に私たちの身体にも関わりを持っているため、「臓器」の月へんをはじめ、「肝・腎・脳・胸・胃・腸・腕・脚」などにも月へんが付けられており、この部分にもやはり神の意識（分霊）が関わっています。つまり、神の意思を、肉体の各部位に分ける働きとして「月＝付き」加えたのです。社会も各個人がそれぞれの役割を仕事・職業として分けることで成り立っています。肉体の各臓器が役割別に働くシステムも、まさに社会そのものを意味しているのです。

惑星に生息する生物の役割とは

創造主はなぜ、神々を創り、その神々が活躍する惑星を創り、生物の育成を図ったのでしょうか。それは、すべてが自らの意思・理念・思念《しねん》という存在であるがゆえに、物質の世界において「自分と同じもの」を創らんという思いからでした。そして、連々と神々を遣《つか》わし、人間の肉体に魂を宿すという試みをしたのです。

人間の肉体に魂を宿すとは、俗にいう憑依の世界です。その証拠に、我々が死を迎え、この肉体を焼いた後、何が残るのかを考えれば、肉体という存在の儚《はかな》さがわかります。それは、一つの人間生成の過程（人としての学び）でしかないのです。

創造主が人間を創ることを決めた最大の目的は、神々を通じてこのように窮屈《きゅうくつ》な肉体に魂を宿し、成長させることによって、創造主の心の在り方を地球人に学ばせるためです。創造主はあらゆる物質に魂を宿し、人間にも同じく高位なる魂を宿しました。その魂とはまさに神であり、創造主は現世においての自我が、その神に成り得るまでの推移を観ることにしたのです。他人との交わりの中に自分の特性・特徴との違いを知り、その接し方・心の在り方を輪廻転生によって経験させようとしたのです。創造主自らの心の在り方を、物質社会において経験させてきたといえるでしょう。

地球における、ありとあらゆる生物たちは、人間の成長のために利他を目的として現象（物質）化し、人間の成長を成し得るための題材として与えられたものです。その動植物・生物たちのすべてに魂があり、そのものたちの魂の序列に従い、人間になるまでの過程を転生させられてきたのです。

創造主は、我々地球人の魂に神々、すなわち、イエス、モーセ、ブッダ、孔子などの第九意識レベルの霊人を派遣し、過去の歴史上の偉大なる霊人たちも各分野に派遣しました。地球人は魂の段階ではまだ第一意識レベルです。そのため、これから起こり得るフォトンベルト（五次元意識の光の想念体）突入の時を迎えるにあたり、アセンション（意識での次元上昇を迎えること）の最後のチャンスである、人間としての魂の成長の機会を与えようとしているのです（アセンションについては第二章で詳述）。

アセンションをするのは、人間だけではありません。地球自らと動植物など、生物のすべてがアセンションを迎えるわけですが、実は地球もあらゆる生物も既に五次元意識に上昇しています。地球人だけが未だに、「自分さえよければ、他人や生物はどのようになってもいい」という利己主義的な自我意識を持っているために、意識が上昇できないのです。「自分はすべて他のものにより生かされている」と考えれば、他のものに感謝し、他のものの幸せと平和を願う気持ち（利他意識）が生まれます。そうなれば、フォトンベルトを怖がる必要などありません。周りの人、地球上の生物、あらゆるものに思いやりと慈しみを持てれば、何も問題などないのです。難しいことではありません。ただ、無私・無欲であればよい、ということを私はお伝えしたいのです。

その無私・無欲とは何でしょう。人間の創られた目的は、創造主の魂を宿すことです。創造主の魂とは万物への大愛、慈悲、利他そのものです。故に、「無私」とは自らを空《むな》しくすることであり、自分以外の他の人に対して決して驕《おご》らず、侮《あなど》らず、差別や比較をせず、常に寛容で他人の意見や言い分を聞いてあげられる心のゆとりを持って接することです。

また、「無欲」とは、ほどほどに生きることが一番幸せだと知ることです。人間が望むことで満足を得られることはなかなかありません。つまり、不足を感じていても自分だけが感じているのではなく、他人も同じであると思い、他人の不足を自分の存在によって少しでも補ってあげられるかどうかを考え、行動することです。それを大切にして生きれば、自分の不足などは小さく感じ、自分が望むことの虚《むな》しさが感じられるでしょう。

第二章

宇宙と地球の仕組み

宇宙は誰が創ったのか

たびたび申し上げてきましたが、私たちの宇宙は、すべてが創造主の理念により創られたものです。物質界においてあらゆる生物に生命を与え、進化の段階を見極め、最後に万物の霊長である人間を創りました。そして、人間の魂を成長させるべく、地上での輪廻を繰り返させてきました。

大宇宙には、地球が存在する太陽系を一つの単位として、60兆の太陽系が存在しています。太陽系の一つの単位はAエリア（超宇宙）と呼ばれ、全部で7エリアが存在しています。これを第一ゾーンと呼びます。その外周に第二、第三ゾーンが存在しています（次ページ「宇宙構造図」参照）。これは我々が到底測り得ない数値の世界であり、このことをもって無限と呼びます。ちなみに、ご存じの方もいらっしゃるかもしれませんが、この60兆という数字は私たちの肉体における細胞の数です。そして、我が太陽系にも物質が60

宇宙構造図

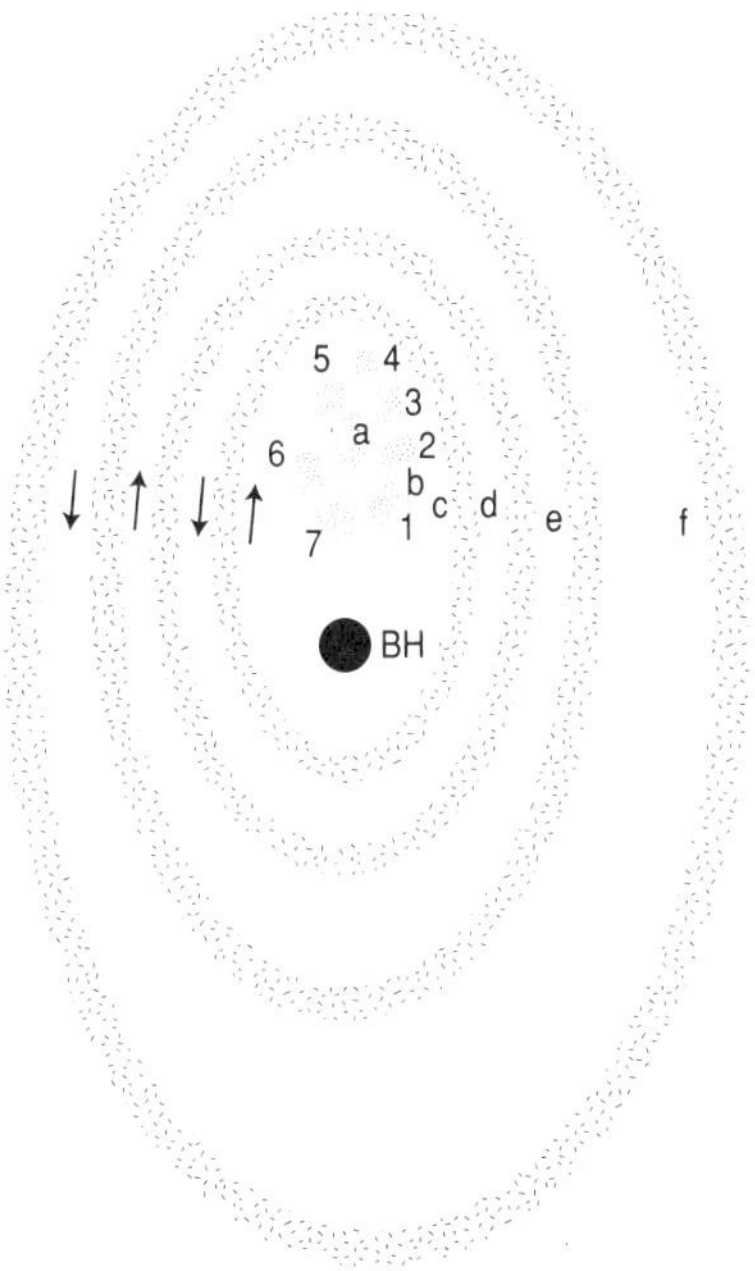

中央宇宙ａの回りｂの位置には、１～７の超宇宙が存在している。私たちのいる銀河系は、この中の７番目の超宇宙に属している。超宇宙は、それぞれ70万の局部宇宙を含んでおり、銀河系は61万1121番目。さらに、７つの超宇宙の外側にはｃ・ｄ・ｅ・ｆの４つの外層があり、周囲を取り巻いている。BHはブラック・ホール。

関英男著「生命と宇宙」（飛鳥新社）より

兆存在しているのです。

創造主はその無限の世界に、あらゆる生物たちを生存させました。創造主は自らの光の力を、物質が生息可能な強さにまで下げたのです。その光こそ、すべての生物に命を宿し、生成させた源であり、「気・生体エネルギー」そのものです。その気を通じて生命の維持を図り、時間という制限の中で成長することを目的に生物が創られました。創造主は自らと同じ意識の者・物を創ろうとして、有限の世界において、生物達がいかに無限の境地（利他・愛・慈悲）に至ることができるのかを試したのです。

ここで、大宇宙における創造の生業《なりわい》についてお話をしていこうと思います。大宇宙そのものは無限の世界であり、その無限の世界は創造主そのものです。創造主は、理念・意思とともに、もとは光の存在でした。物質的に表現するなら、「他に何も、誰の存在も許さない」くらいの光度を持つ、太陽の無限大の倍率の光の存在です。

その存在が、初めて「有限の世界」という自分以外の存在を創ろうとしたのです。

まず、無限である世界に、有限（物質界）を創りました。次に、自らの認識と同じ意思を持つ存在を創り、意識づけしました。その存在が、神・分霊（自らの意思と同じ意思を持ち合わせている魂）となったのです。やがて、その神・分霊たちはそれぞれの役割に応じた大宇宙（創造主の存在そのもののこと）に対する小宇宙（ほかの意識体・物体など）の形成に立ち会うことになりました。

小宇宙は、創造主が無限から限りあるものを創らんとする意思に合わせて、その意思を落とした所を「㋡」としました。すなわち、意思を抱いた物質そのものとし、「、」に力＝「〇」（回すエネルギー・意思）を与えることによって、意思の集合体が創られて●、◎、〇となりました。つまり、小宇宙という物質の世界（有限の世界・限りある世界・枠）が顕現化したのです。惑星・恒星・物質・空気・水・土・微生物・魚類・甲冑類・昆虫類・鳥類・動物・人間など、すべてがそのようにして生まれた存在です。

その後、その小宇宙に「時限（時の制限）」を与え、時の観念により成長の基準としました（次ページ「無限の世界から物質の世界への変遷」参照）。創造主の意思のエネルギーは、すべてのものに生命を、さらに進化・成長・死という時を与えたのです。そのエネルギーとは、ズバリ、「気」です。

無限の世界から物質の世界への変遷

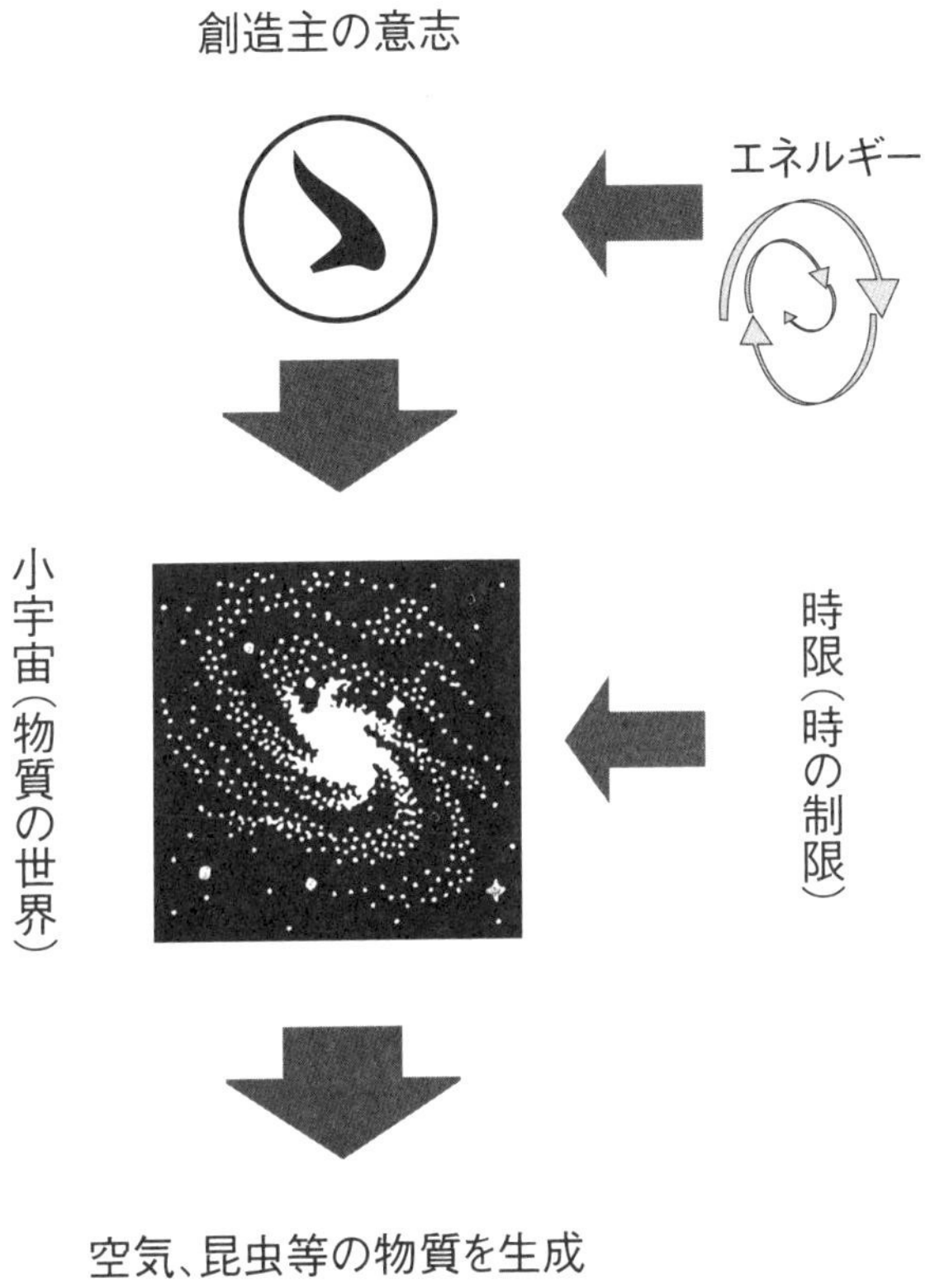

気は宇宙そのものである

宇宙でのありとあらゆる存在は、「気」なくして語れません。気そのものが、創造主の理念、すなわち、「創造主の意思」なのです。意思は目に見えません。たとえ目に見える世界であっても、すべてが気によって成り立っています。物理的な表現では「生体エネルギー」といいます。自然現象を気候・気圧・気象などと表現し、そして、小宇宙といわれる人間の心を、気心・気配り・気休めなどと表現することからも、「気」との関連がうかがえます。

つまり、創造主は「大宇宙の原理原則は気によって成り立っていることに気付きなさい」と言われているのです。すべての生物は物質に宿す魂、すなわち、気を付ける（基意・意識を付ける）ことを生命として成り立っています（次ページ「物質への『気』付き」図参照）。惑星及び生物は「万物に気（創造主の意思）を付けた」ことを知るために生息しています。私たち人間

物質への「気」付き

は、それに気付くために輪廻転生を繰り返しているのです。しかし、これまでその意味を告げる者が現われなかったために、創造主による大宇宙の原理原則は知らされることがなかったといえます。

今までに様々な気功師の方々が気功の意味を説かれていますが、実は気功の真実とは「創造主の意思を伝える」ことです。気功師は神から創られ、神に成り得ることで、その神通力により人の心（気）と身体に宿る心（気）の意味を知らせる役割をもっています。つまり、肉体に宿した魂・気心（顕在意識と無意識の存在）を気付かせることが使命なのです。

しかし、気功師個人の気質により、様々な「気の扱い」がされているように思われます。本来、気は創造主の意思でもある大宇宙の生体エネルギー（すべての生物を生かすエネルギー）そのものであり、決して気功師個人の特性でも特徴でもなく、ましてや能力などでは絶対にありません。すべてが神からの役割（利他・思いやり）をいただいているに過ぎず、気功力が強いからといって、決してその個人が増長することではないのです。

本書の第六章においては、精神障害者・先天的脳疾患・膠原病《こうげんびょう》の方に対して、私が施術した実例を掲載しています。これらは一般的に難病と呼ばれていますが、施術後によくなっています。本人及び目のあたりにした方々から奇跡のようにいわれても、私はさしておごるべき結果とは捉《とら》えていません。あくまでも、創造主の考える役割を担ったに過ぎないと思っているからです。

そもそも病気は、考え方や行動が心身の限度を過ぎることによって引き起こされます。働き過ぎ、考え過ぎ、遊び過ぎ、気にし過ぎ、食べ過ぎ等です。つまり、創造主の意思に反した行為により、悪い気を取り込み過ぎ、自分で気を取り込む力が弱っているのです。ですから、我々気功師が気の取り込みの手助けをすることで、その方が元気を回復するのです。我々人間もあらゆる生物も、すべてが気により生かされています。決して自力で生きているわけではありません。

気と体の状態の関係

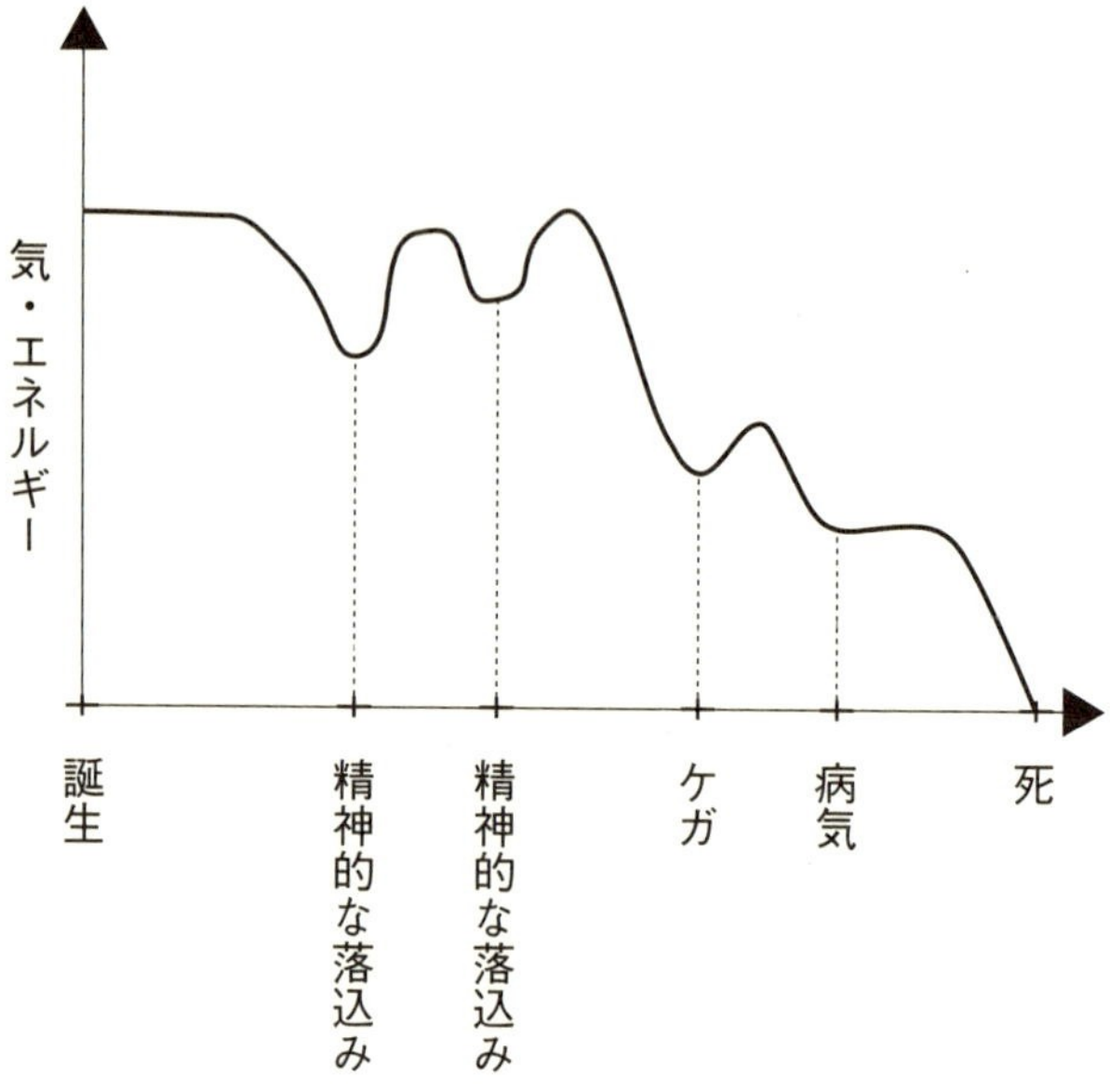
気・エネルギー
誕生
精神的な落込み
精神的な落込み
ケガ
病気
死

無限といわれる宇宙の謎とは

我々人間の魂の資質には、9段階の意識レベルがあります。我々の太陽系で言えば、プレアデス星団にいる人々を第九意識レベルとすると、地球人は第一意識レベルです。その下には、ペット意識レベルがあり、動物意識レベルの最上段に位置しています。その次には鳥類・昆虫・微生物などの意識レベルが段階的に絡み合いながら位置しています（次ページ「意識レベルによる比較」参照）。

近年における地球人は、月、火星、木星、土星、金星、水星や他の各星団から、この地球に肉体を持ち、現われて来ました。今でいうユダヤ人は、その昔、ヘブラの星（ヘブライ人）から宇宙船に乗って訪れた人々の子孫です。そこには十数名の乗組員がいましたが、宇宙船の故障により不時着した時に爆発事故が起き、最終的に男1名と女2名の3名しか残らなかったようです。

意識レベルによる比較

意識レベル	分類される意識体
第9意識レベル	プレアデス星人
● ● ● ● ●	ケンタリオウス星人、 オリオン星人、 ヘブラ星人、リラ星人
第1意識レベル	地球人
ペット意識レベル（哺乳類を含む）	動物
鳥類／昆虫／微生物など	

※上記はあくまでも一部の抜粋にしかすぎません

これが有名なアダムとイブの原型となりました。

彼らは、ユダヤ教、およびキリスト教の聖典である旧約聖書において、最初の人間夫婦と記されていますが、3名の男女が地球上での生活を余儀なくさせられた、というのが事実のようです。

当時、地球人として存在していた人類も、他の惑星から飛来していたようです。日本人や中国人はリラ星から来たものと思われます。この時点では、肉体に魂は宿していても超原始的な生き方をしていました。超原始的な生き方をしていた現地人たちは、この地球以外の星からの訪問者に対して、警戒心を隠しつつ、親睦を図るかのようにみせかけながら、女性たちのあまりの美しさを嫉《ねた》み、最終的には奪わんとする行為に及んだようです。しかし、ヘブライ人たちの当時の科学力は現地人をはるかに超えていたため、無駄な争いもなく、彼らをすぐに撤退させせました。

その後、3人は現地人との交流を一切断ち、3人での交わりを重ね、子孫を増やし、今に至るユダヤ人（ヘブライ人）へとつながっていったようです。

しかし、アダムとイブが人間の始まりでは決してありません。もっともっと古い36億年の地球の歴史があるとお考えになれば、これはお分かりになると思います。

その後、オリオン星座内に位置するニビル星から人々がやってきます。彼らは進歩的な思想と近代的な技術を持ち、地球の人々にエゴイズムを植え付けました。そのことで、地上での人間たちは徐々に自我欲のみが物質社会における極致（成功の証）とする、忌まわしい心の在り方に終始するようになっていきます。まさにそれは悪の想念（自由という解釈の履き違え）ともいうべきものであり、統括、誘導され、政治や宗教の名の下でも洗脳が続けられ、彼らの影響を受けた世界の歴史が現代においても綴られているのです。

物欲・金欲・財産欲・征服欲・名誉欲など、ありとあらゆる欲が顕現化したことで、自分が幸せになりたいがゆえに、自分以外の者の幸せを踏みにじる行為が平気で行われるようになっています。近代化による自然・環境破壊を見ても明らかです。その根幹を裏で操っているのが、フリーメーソン※10と呼ばれる者たちです。彼らが世界を席巻するほどの力を持ち、暗躍している事実をどれほどの人々が知らされているのでしょうか。シオニスト・ユダヤと[※11]呼ばれる人々の行動も、また同様です。

※10：フリーメーソン（Freemason）：会員同士の親睦を目的とした友愛団体として、イギリスで発生し、世界中に派生した青年男子のみが入会可能な秘密結社（具体的な活動は非公開の団体）。現在の会員の多くは、アメリカ大統領歴任者など政財界の大物であり、陰で大資本とメディアを利用して思想の誘導を行い、国家の転覆や戦争などをもくろんでいるといわれています。

※11：シオニスト・ユダヤ：単にシオニストと表現されることもありますが、「イスラエルの地（パレスチナ）に故郷を再建しよう」、あるいは「ユダヤ教、アシュケナージ系ユダヤ人文化の復興運動（ルネサンス）

を興そう」とするユダヤ人の近代的運動、またはそれを推進する人々や団体を指します。ユダヤの直系、すなわちイエスにつながる人たちはスファラディ系ユダヤ人と呼ばれる人々であるにもかかわらず、長い歴史の中で迫害を受けてきたことは事実です。

代表される人物：ビクター・ロスチャイルド、デビット・ロックフェラー

この自由の解釈の履き違えに端を発する近代化により、創造主が当初お創りになった、地上に肉体をもって、栄耀栄華を生きてきた神（天使ルシフェル）が、神としての資質から逸脱したのです。逸脱した神（地上ではサタンと言う）たちは、死してから自らの犯した地上での罪を償うべきエリアを創りました。それが地獄エリアの始まりでした。地獄エリアの魂たちは、今となっては創造主が地球を創られた時の意志の方向へ修復することすら難しい規模にまで拡張し、我々地球人には手のほどこしようがない状態です。つま

り、この悪に洗脳された者達の魂は、確実にこの地球上からの消滅を余儀なくされています。悪が騒げば騒ぐほどに、身動きが取れなくなっています。実は、これら四次元の目に見えない霊の世界のみならず、三次元の目に見える世界と幽霊の世界においても、フォトンベルトの訪れと共に肉体と魂の抹消が行われようとしています。

創造主が人類を地球上に創られた時のことについて、さらに詳しく申し上げましょう。

我が日本に古くから伝わる日本神話においては、伊邪那岐命《いざなぎのみこと》・伊邪那美命《いざなみのみこと》夫婦が肉体を持ったことがきっかけで、相互の葛藤を経て、伊邪那美命の愛憎による嫉妬・執着・怨念が自らを暗黒の世界（地獄）へ至らしめました。

また、西洋の地球創世の神話に関して、こんな話があります。

創造主は自らを3つに分け、分霊の一人をアル（男性神）、もう一人をヤファエ（女性神）としました。やがて、二人は夫婦となり、仲睦まじく3人の娘をはじめありとあらゆるものを創りました。しかし、ある時アルはヤファエがあまりにも醜い女であるがゆえ、嫌気が差した結果、宇宙のプレアデス星団よりはるか彼方へ追いやってしまいました。加えて、あろうことか、アルは自らの娘と交わりを始めたのです。母とは違い、美しい長女のアルス（現在、日本人女性として生存している）との交わりにより、あらゆる物質を創らせました。また、後の二人の娘の名はアルフとアルサと名づけられました。この二人も日本人として今世に転生しています。一人は今世のアルスの妹として、もう一人は埼玉県在住の女性として生まれています。

このヤファエとアルスの関係から、ヤファエとは母上（ハハウエ）の意味を持っているようです。そして、このヤファエは神としての負の遺産（地獄の想念帯を創ったこと）の償いのため、創造主に追放の許しを受けんがために地球に飛来することになっているといわれています。

しかし、真相は違います。地球人の人間性を試すため、アセンションという次元上昇を起こす時に乗じて、地球神のアルの元に戻って来るのです。ヤファエの怨念が消えたとは思えません。この機に乗じて、アルと地球人に復讐を企てているのかもしれません。そのことは、これから地球に天変地異が起きることで物語られることでしょう。即ち、創造主の命により地球人を試すということです。

この地球におけるヘブライ人とニビル星のアヌンナキ（科学の発展に貪欲な人種。すなわち、向上心及び進化・発展に異常なまでの執着を持つ人種）が犯したエゴイズム思想の蔓延の罪は、かつて地球人の思想を支配していたニビル星を含むオリオン星人の思想そのものです。その負の考え方は、元々の神が考えた利他・慈悲、そして、愛そのものの資質とは歩み寄れません。自我による満足で人間が神になり得ることはないのです。しかし、彼らは罪の呵責ゆえ、フォトンベルト突入を前にして、悪の責任を顧《かえり》みる謝罪と反省の機会を持とうとしているとも取れる動きもあります。

負の世界（地獄の破壊行為・自我欲の極致）の成功はもう絶対にありません。ニビル思想（当初、地球の産業発展のために３６００年ごとにエゴ・欲の植え付けをしていた）は、この地球上での存在は全く認められないと、創造主の裁定は下されたのです。

地球は二重構造でできている

皆さまもよくご存じのことと思いますが、我々地球においては、「二極の世界」という表現がしばしば使われます。天地・上下・左右・高低・強弱・男女・雌雄など、あらゆるものが二極であり、心の想念においても正義と悪、天国と地獄、神と悪魔、妖精と妖怪などの二極となっています。

このような二極の世界は、我々の地球におけるすべての考え方の基本にあります。そして、このことはこれからご説明する地球の構造とも大きな関連があります。これまで地球人により築かれてきた認識と近代的な構造物のすべてが、ついに覆される時が来たのです。

まず、我々の構造物の根幹をなすものの原則についてご説明しましょう。すべての物質は水晶が原点です。あらゆる鉱物も水晶が基本です。創造主の意識が気体を生み、気体から液体、液体から固体ができています。水が我々生物の命の根幹をなしていることの表われとして、地球においても水分、すなわち海が60％を占めており、地上が40％の配分です。人間においても、体液・水分が60％、骨や筋肉の脂肪および蛋白質などが40％であるといわれています。この原理はすべてのものに通用し、応用され、物質化されています。水晶は光と影をつくり、物質と肉体をつくる原理原則とされているのです。

そもそも大宇宙は無限の世界であり、大宇宙そのものが創造主の理念です。創造主は光の存在でありながら、約３１０兆年を１日として、「７日を覚醒の時、７日を眠りの時」の周期を49回繰り返し、理念、すなわち光の集合体として物質化されました。これが有限の世界の始まりです。そして、このトテツもない気の遠くなる時間を無限と表現しています。その大宇宙は無重力の世界であり、創造主の光の集合体の周りには、何の物質も、また誰も存在できない状態を創られたのです。
創造の意思は、自らの顕現化を考えました。太陽の無限大の倍率ともいわれる自らの光度を下げることで、無重力の中に、物質の存在の原点となる念の集合体である大気・空気・水晶を創り、それに光による熱、圧力を加え、命のエネルギーを与え、惑星・恒星を創られました。そして、太陽を始めとして、月や他の惑星、地球という有限の世界を創られたのです。

それでは、ここからは次ページのイラストの意味についてお話ししていきましょう。

先述した二極化とも関連してきますが、あらゆる惑星は二重構造の状態で形成されています。ほとんどの人が教えられ、学んできている考え方は、「地球も他の惑星も中が詰まった状態であり、地球の地中深くは核になっている」というものです。しかし、それはあくまで地球人の認識です。
惑星の二重構造は、太陽に大きな関係があります。太陽は、地球を含めた

アガルタ
高度な種族の世界

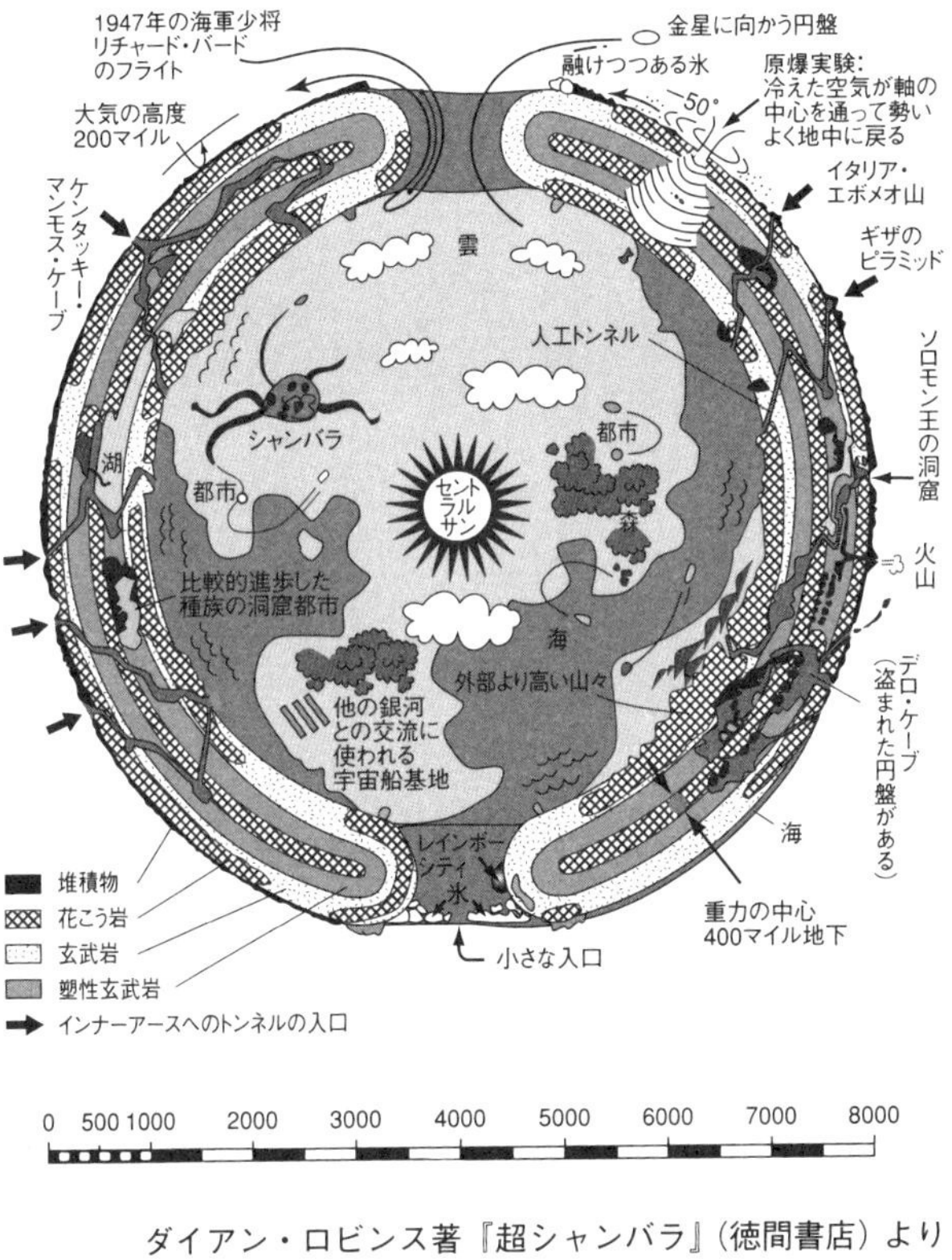

ダイアン・ロビンス著『超シャンバラ』(徳間書店)より

あらゆる惑星・恒星に光・熱・引力などのエネルギーを放出しています。惑星・恒星はそれを受け取り、エネルギーを放出します。そのエネルギーの共鳴により、我が太陽圏でのバランスが保たれているのです。また、あらゆる惑星は二重構造で成り立ち、地球内部においても、その中心に水晶でできた「セントラルサン」という太陽が存在しています。

セントラルサンは太陽圏での太陽と干渉を行っており、地球内部においては真逆に引力・重力が掛けられています。当然、内部には人間が生息しており、彼らの意識レベルは五次元世界（利他意識）です。

また、太陽も含めてあらゆる惑星内（地底内）に人類が生息しています。我が地球の地上人類のみがそれを知ることなく、未だ三次元意識で生きているのです。

惑星の二重構造を示唆する証拠として、2007年7月7日付けでNASAの火星探査衛星が撮影した火星の衛星写真（次ページ参照）には、直径が120メートル近くもある巨大な穴がカメラに捕えられています。一見、画像

NASAが捉えた火星の穴

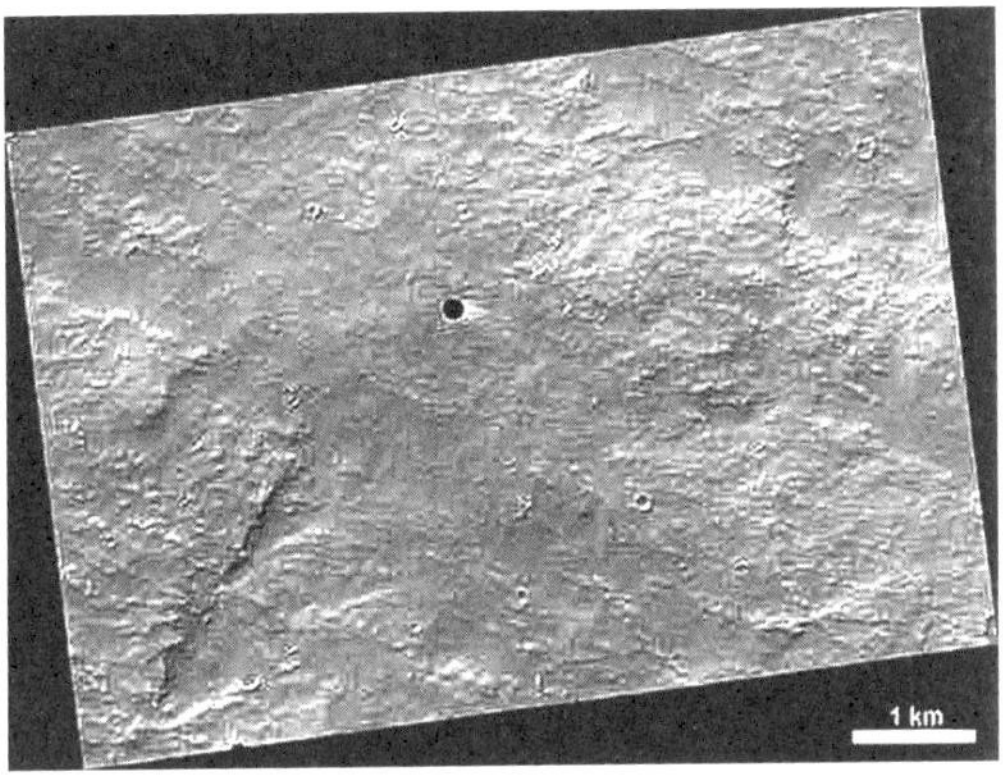

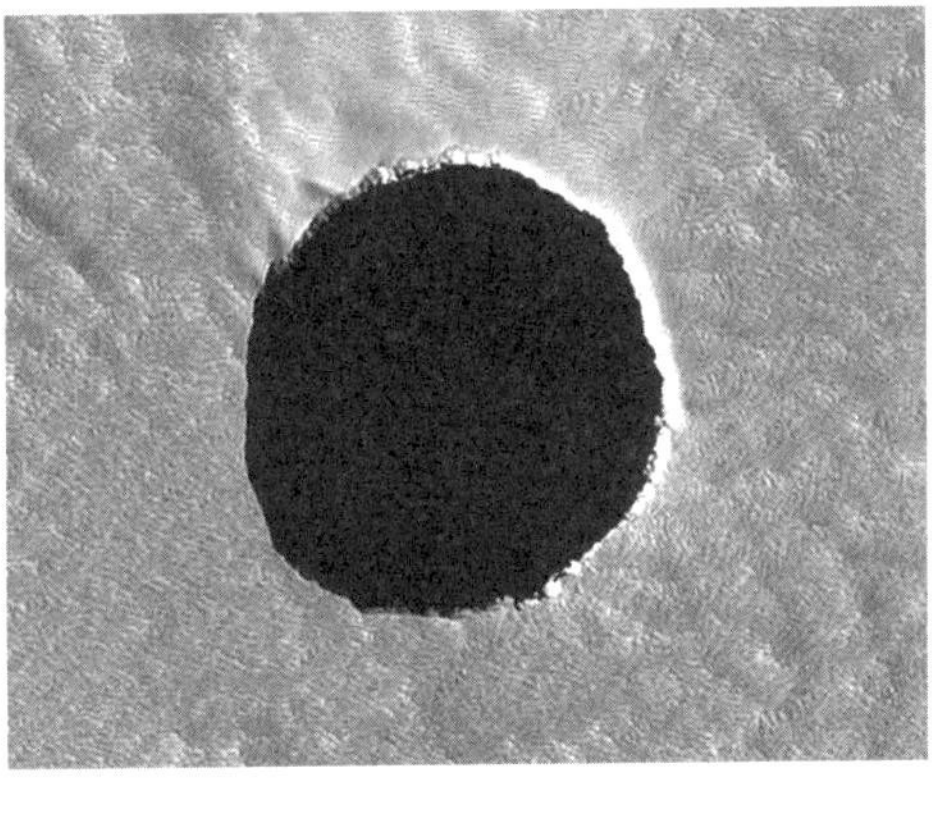

編集ソフトウェアなどを使って故意にくり抜いたようにも見えますが、これは衛星写真に写ったものをNASAがそのまま公開したものとされています。

地球は6度のアセンションを失敗した。そして、7度目を迎えて

2012年12月22日までに起き得るフォトンベルト突入時に、アセンション・次元上昇（三次元意識・自我から五次元意識・利他になること）できるのは、「67億人のうち2900万人＝約0・4％しかいない」そうです。加えて、新たに2600万人の人々の覚醒をうながすことができれば、今度のアセンションが一つの臨界点を迎えるともいわれています。

36億年もの長い年月、輪廻転生により何度も何度も魂の向上を重ねてきた地球人ですが、最終的にはたった5500万人しか五次元意識への向上ができないほど、自我欲の意識から抜け出せないということです。人間が人として神になり得るまでの過程の難しさは、人生として仕組まれた輪廻転生の極

致であり、神の境涯に成り得る難しさを知らされる思いです。神の境涯とは、慈悲・愛、利他の心を持つことです。輪廻の意味は、自己が行ったすべての行為が自己責任を原則として転生することであり、決して自己満足を得たり自己の成功・成果を望んだりすることではありません。すべてが愛と平和を基本に人間としての生命を受け、その愛と平和を学ばんがために、ほとんどの人間が人生の大半をかけて人間社会において経験を積むのです。

ところで、我が地球人とは違い、他の惑星や、地球の地底内都市に生息するレムリアの人々（約１２０００年前、太平洋にあったムー大陸に住み、文明をもっていた２２０万の人々）、そして空洞地球に存在するシャンバラに住む２８００万人の人々は、輪廻転生をしません。また、彼らは時間という観念が地球のそれとは大きく違うために、生まれ変わることも死ぬこともありません。ですから、８万歳～10万歳という年齢で、当たり前のように過ごしているのです。

フォトンベルト・光の想念体

フォトンベルトは、電磁波が粒子の状態となったフォトン＝光子で構成されています。直径は400光年を超える巨大な光の帯であり、地球が通過するのに2000年以上の期間がかかるとされています。1991年現在、プレアデス星団付近にその存在が確認されています。

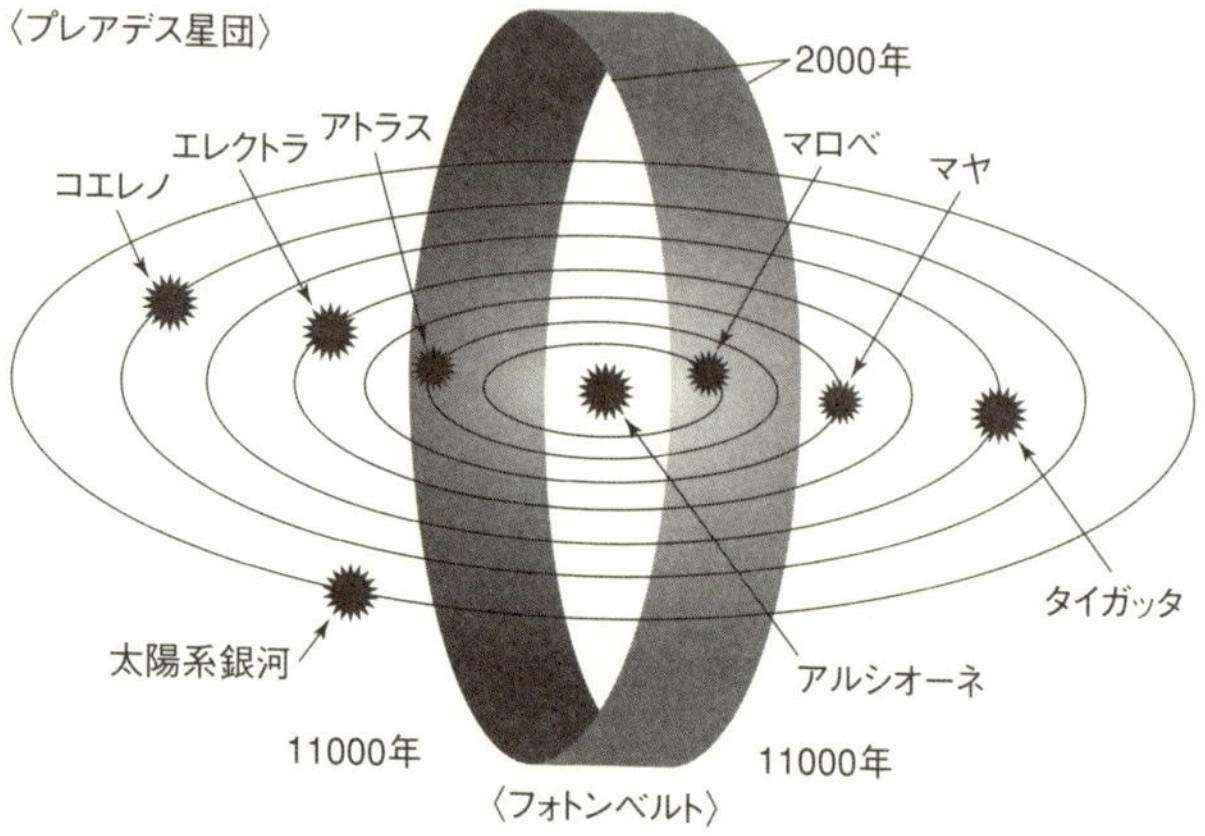

フォトンベルトはプレアデス星団に対して
直角に存在しています。

岡田光興著「フォトンベルトと日月神示」(徳間書店) より

これらの事実を知らせる役割を「地球人としての使命」と感じた魂たちが、天上界において創造主のもとで膝まずき、地上での使命を授かることを懇願しました。その約２５０００の人々が、この地上において肉体を持ち、生まれてきています。半数の１２５００人は日本人として、また残りの人々は世界中に分散しています。しかし、すべての人々がその役割に目覚めているわけではありません。例えば、日本においては司会者のみのもんた氏、元野球選手の新庄剛志氏、元サッカー選手の中田英寿氏、政治家の石原伸晃氏、宇宙飛行士の向井千秋氏など、各界において著名な方々がおられます。私が活動の拠点としている栃木県の現知事、福田富一氏などもその一人です。もちろん、日本だけでなく、これから私が世界に赴《おもむ》き、出会う人々の中にもその役割の目覚めを待っている方が沢山存在します。

それらの方々は、この地球の最終章を迎えるにあたって、他の者への気付きと伝達をしなければなりません。今世に生まれてきた最大の目的に気付かなければ、相当に後悔する、などという安易な言葉では済まされないのです。

それほどまでに、役割を担った彼らの活動が大きく地上に反映するのです。

その理由についてご理解いただくために、宇宙レベルで計画されていることについてご説明します。

私たちの地球においては、過去6億年ごとに行われた6度のアセンションを失敗しています。他の惑星はすでにアセンションを終えており、今回は地球が我々の太陽系で起こせる最後のアセンションの時ともいわれています。この地球でのアセンションの成功は、あらゆる惑星が次の段階へと進み得る機会でもあります。その意味でも、今回7度目に迎える地球のアセンション・次元上昇の機会は、我が銀河系において非常に大きな意味があるのです。

自我欲による競争・戦い・比較・中傷・差別などを止め、人間の「人」という字がごとく、支えたり、支えあったりしながら、連帯・調和・平和の心を強くしていかなければならない時が来ました。今回の執筆は、数多くの同志の方々が目覚め、今の危機・チャンスを世に知らしめることも目的としています。可能な限り、世界中の同志たちが目覚め、また皆さまも目覚めた方々のいわれていることに耳を傾けていただければ、より一層、地球及び地球人の置かれている状況がご理解いただけるものと思います。

第三章

地球人は終わった

36億年前の真実

我が地球は36億年前、この日本の地に初めて地上（島）を創られたことに始まるといわれています。この日本列島は、地球における、あらゆる大陸の原型・見本として創られています。次ページの図を見てもおわかりのように、例えば、北海道は北アメリカ（カナダ）、本州はユーラシア大陸、四国はオーストラリア、九州はアフリカとして造形されており、決して偶然創られたわけではありません。

そして、地上で初めて日本に12の神々が降りられました。天之御中主神《あまのみなかぬしのかみ》を筆頭に、7体が男女の合体神として、また伊邪那岐命《いざなぎのみこと》や伊邪那美命《いざなみのみこと》など5体が男女別性の神として降りられました。

やがて、地球が自転を開始した時、すなわち東から西に動き始めた時に、日本とハワイのカウアイ島などに12神の半分の魂が分かれたのです。

日本列島は世界の縮図

この他にも、南アメリカ＝台湾、地中海＝瀬戸内海、カスピ海＝琵琶湖、ヒマラヤ＝富士山など、驚くほど対応しているのは不思議である。

岡田光興著『フォトンベルトと日月神示』（徳間書店）より

36億年の月日を重ねるうちに、その事実は地球上の神話・伝説・伝記・歴史として、史跡・遺跡に残されてきました。現在、その12社が祀られている地が栃木県塩谷郡塩谷町大久保にあります。小高い丘に二つの岸壁・岩肌を現し、一つは「十二社権現社《じゅうにしゃごんげんしゃ》」として小さい社を戴き、もう一つは大きい岩肌に国之常立神《くにのとこたちのかみ》の尊顔とも取れる「仏岩《ほとけいわ》」として存在し、ひなびた木造の地蔵尊が祀られています。

その岩肌は、まさに現在の地球のごとく、雨露が染み出てきた形相で地球の汚染を示しています。ちなみに、ここは外部から見ても神社などとは分からない状態です。本来であれば聖地として祀られなければならないにもかかわらず、名もなき神社としての在り方に、我々日本人の真実の神への憧憬・敬い・尊びの欠落を垣間見る思いがします。

この地域は、北に高原山（高天原）・釈迦岳・岩戸別神社・十数社の星ノ宮神社が点在しているところでもあります。しかし、同時に町民約１３００人の全くの過疎地であり、このような由緒ある史跡を地域外に知らしめるという意思が全くないために、「十二社権現社」の存在が広く知らされることはありませんでした。

これらのことから、地球人の歴史的12社の神々への侮尊《ぶそん》の扱いがお分かりいただけたと思います。以上のことは、すべて同地神社、及びハワイ現地において、私が神々からの霊示を受けた情報によるものです。

ちなみに、十二社権現社は左記の神々が祀られている神社です。

1）天之御中主神（あまのみなかぬしのかみ）
2）高御産巣日神（たかみむすびのかみ）
3）神御産巣日神（かみむすびのかみ）
4）宇麻志阿斯訶備比古遅神（うましあしかびひこじのかみ）
5）天之常立神（あめのとこたちのかみ）
6）国之常立神（くにのとこたちのかみ）
7）豊雲野神（とよくもぬのかみ）
8）宇比地通神／須比智邇神（うひじにのかみ／すひじにのかみ）

9）角拭神／活拭神（つぬぐいのかみ／いくぐいのかみ）
10）意富斗能地神／大斗乃弁神（おほとのじのかみ／おほとのべのかみ）
11）於母陀流神／阿夜訶志古泥神（おもだるのかみ／あやかしこねのかみ）
12）伊邪那岐神／伊邪那美神（いざなぎのかみ／いざなみのかみ）

今こそあのキリストが再誕する

約2000年前、ユダヤのイエス・キリストが十字架に架けられた時、再誕を言い残したといわれています。その後、予言通り、イエスの屍《しかばね》を持ち帰った弟子のもとで再誕を行い、弟子に伝言を残した後、弟のユダたちと共に旅に出ました。その伝言の内容は以下の通りです。

「私は約束通りに再誕をした。その姿を皆の眼に焼き付けるよう、また、今までの教えを広く世に伝えることと告げます」

「また、私は言い残したことがあります」

「そのこととは、２０００年後の日出ずる東の国において、新たなる法が説かれるであろう。その時、私はある魂としてその法を伝える者を指導するであろう」

「であるがゆえに、その軌跡を残す旅に出るのです」

「その者は太陽の申し子であり、この星に宿る人類の行くべき道の方向を告げ、民衆に溶け込み共に歩むであろう。そして、新たなる星・地球の行く末へと導くであろう。地球での最後の希望を人類に与えて」

この時点でイエス・キリストとしての使命は終わりました。その記録はタルムード・インマニエルとして残されていましたが、時の権力者の手によってローマ法王の膝元深くにしまわれ、二度とこの世にイエス・キリストが残した真実が表に出ることはなかったのです。そして、本来のユダヤ人であるインマニエルとなったイエス（再誕した分霊）はエルサレム（現・イスラエル）から東国へ向かいました。アフガニスタン、パキスタン、インド、さらに中国を経て、50才のころ日本に辿り着き、日本の北地の青森県の新郷村

イエスの辿った道

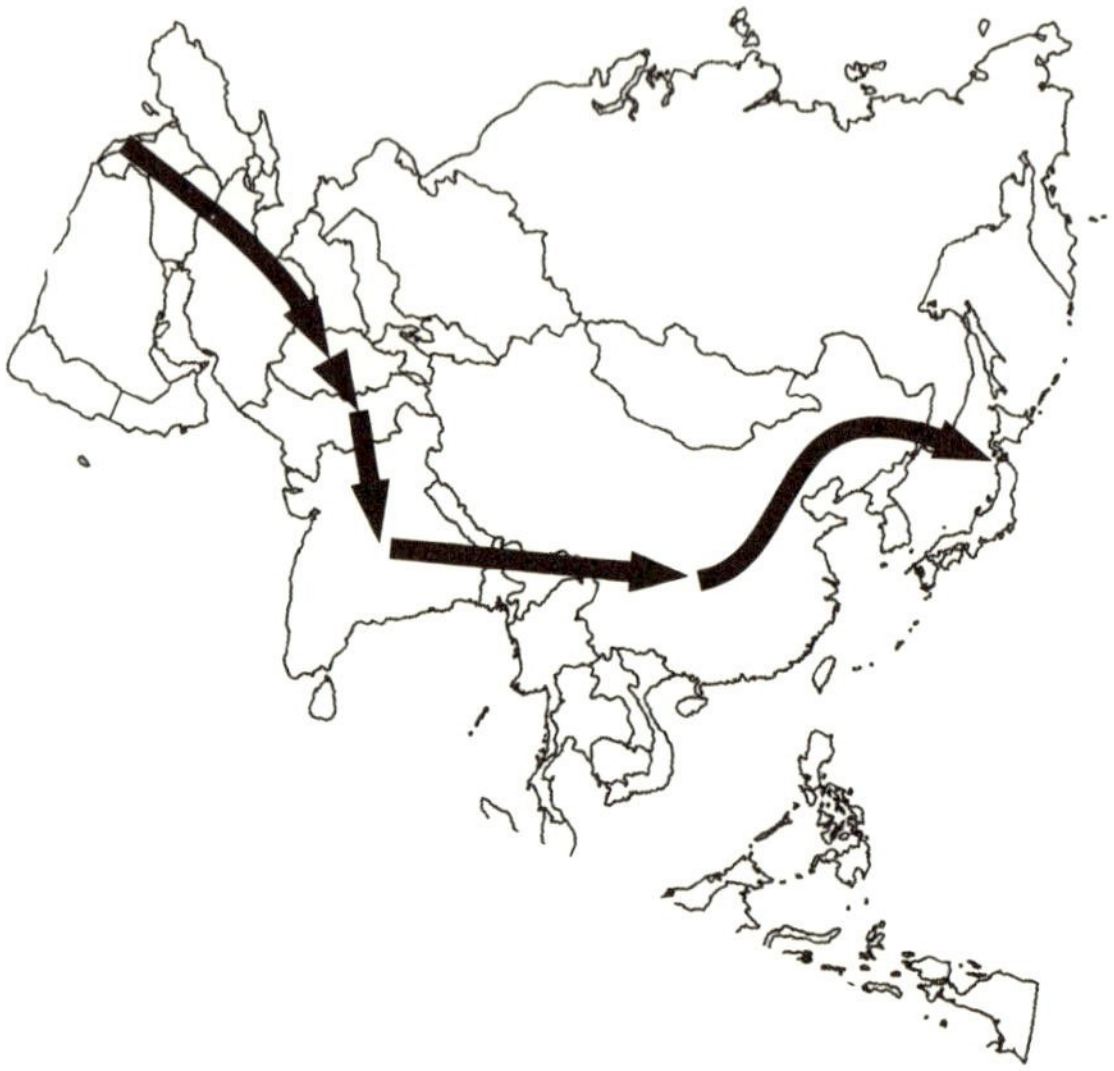

（昔の戸来村《へらい》）にて日本人女性と結婚、3人の娘を授かり、95才で亡くなっています（右ページ図参照）。

その末裔は、現在、ＴＯＫＩＯのメンバーとして活躍されている長瀬智也氏であるようです。彼の眼には時のイエスが宿っています。

セント・サナンダの啓示とは

過去において、イエス、モーセ、ブッダ、孔子が残している言葉で、一つだけ共通しているものがあります。それは「日出ずる国において、新たなる法が説かれる」ということです。２０００年前にイエス・キリストがイスラエルの地にて没した後、そのイエスの魂は金星に赴き、「サナンダ」という名で金星を統治していますが、そのセント・サナンダがこの星、地球に再び現われる予告でもあるのです。

セント・サナンダの魂は決して一つの肉体に留まることはなく、この地球における役割に目覚めた者たちのすべてに関わることを目的として現われるという約束のようです。そもそもイエス・キリストの魂（最初と最後を司る魂）は、モーセ、ブッダ、孔子などと同じ創造主の48体の分霊の一つ（次ページ図参照）であり、その意味で分霊とは創造主そのものであるといえます。

つまり、誰が偉くて、強くて、大きくて、などというレベルで捉える問題ではなく、役割に特徴や特性こそあれ、差別・区別などはありません。ただし、この世的にいう唯一性が求められるのであれば、唯一神《ゆいいっしん》※12 としての立場もあるかも知れません。しかし、真実は一つなのです。

セント・サナンダの啓示は地球人への警告であり、「気付き」への羅針盤として、新たなる法を説き示すものが現われることを意味しています。


【セント・サナンダの啓示】

1）この太陽系すべての惑星が、新たなる展開へ向かう最後のチャンスが来た

創造主の48体の分霊

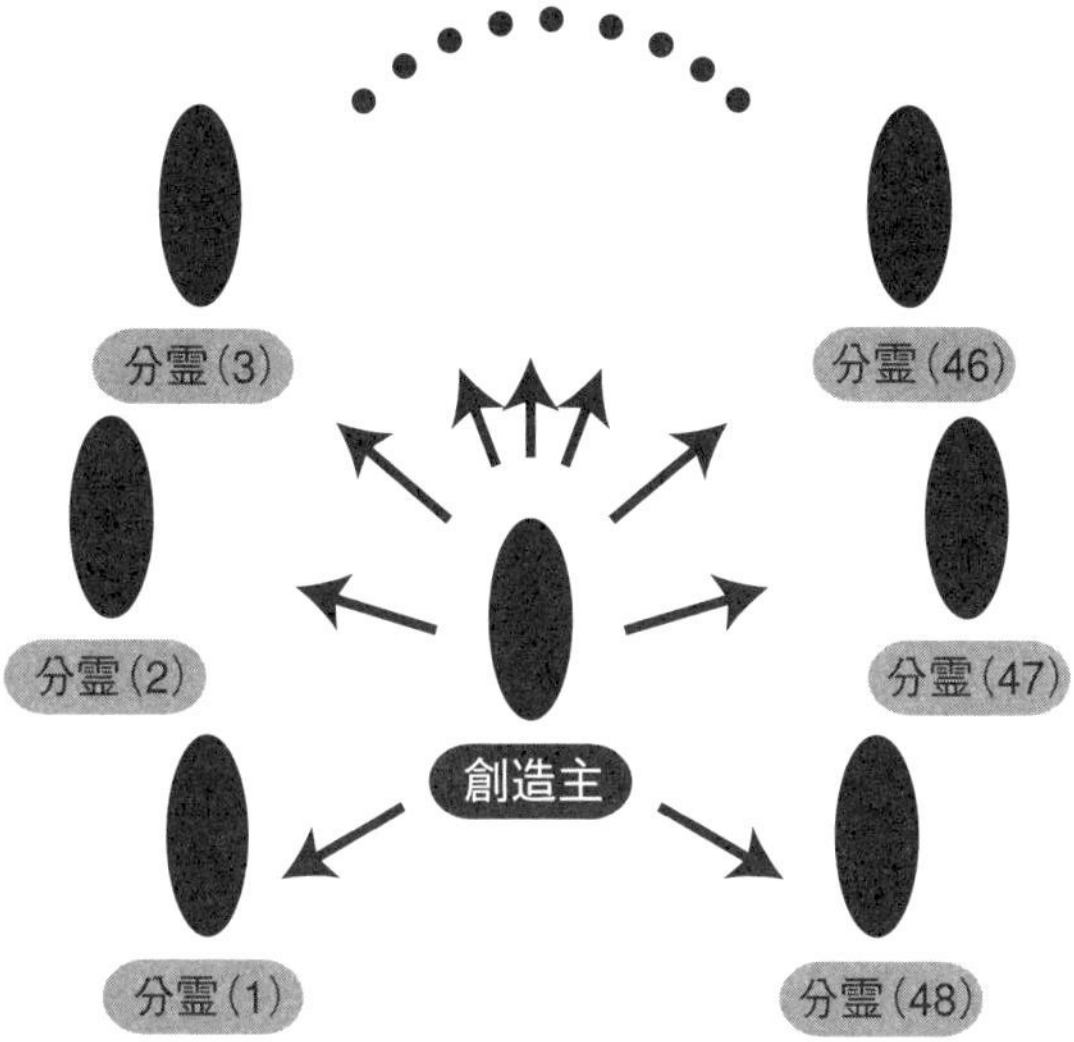
分霊(3)
分霊(46)
分霊(2)
分霊(47)
創造主
分霊(1)
分霊(48)

2）地球以外の惑星はすべて指定席に着いているが、地球にとって今回が最後である

3）すなわち、アセンション（次元上昇）を迎えるべき、フォトンベルトへの突入である

4）皆、サナンダの声を聞け、新たなる法を聞け、来たるべき永遠の生命と希望の声を

5）三次元意識・自我はなくなり、五次元意識・利他の世界が始まる

6）地球人はエゴイズムの本質を止め、比較・中傷・侮《あなど》り、戦いを止め、愛と平和の地を創り、助け合い、永遠に生きることを学ばねばならない

※12：唯一神：唯一絶対神とも呼ばれ、神は唯一であるので「信仰する神のほかに神はない」と信仰される神のことです。一般にいわれる一神教は、他の神々を前提にしている場合もあるため、必ずしも一神教＝

唯一神を崇拝するとは限りません。

宗教などと言っている時代は終わった

今、世界におけるありとあらゆる宗教は、統治した者により修正を受け、すべて形骸化しています。イエスといえどもそうでした。タルムード・インマニエル、つまり、イエスが残した真実の原本（輪廻転生論なども含め多数）は、時のローマ法王により剥奪《はくだつ》され、偽造に偽造を、ねつ造にねつ造を、修正に修正を加えた教言として世界に蔓延《まんえん》させられました。

現在の宗教においても然りです。何に、どこに真実を見出すことができるでしょうか。神と名を売る教祖や宗教団体に傾注する信者は、ご利益《りやく》を求め願うだけで一切の自助努力を疎《うと》んじているのが実情です。その怠惰な心で今さら何を望むのでしょう。そんなことが人間の魂の救いになるはずもありません。時間と金と願いへの思いだけが増長して虚しく通り過ぎていくのを、どのように感じているのでしょうか。
神の子である「人」が神になり得るまでの時間をいただき、その「間」を持って「人間」と言わしめた理由《わけ》は、「本来が人間は神の魂を持っている」ことの証《あかし》です。であれば、これからの地球人は、もう宗教の名の下へ魂を傾注させるのではなく、自らの神性に判断を委ねるべきではないでしょうか。

なぜにイエス・キリストは祈りに「十字」を切るのでしょうか。それは「十」は縦に「｜・か」、横に「一・み」と切り、「かみ・神」と読み、その神に祈りをかけていることを意味します。その信心を逆手にとった時の権力者は、見せしめとして、祀る形の十字である「十字架」にイエスを磔《はりつけ》にしたのです。

もう一つの意味は、前出の〇にあります。「〇に・」の「・」は点であり、一次元を示します。点と点を結ぶ線が現われて二次元となり、縦「｜」と横「一」に高さを加え（面である立体をつくり）、三次元と称します。これはまさに物質の生成の生業《なりわい》です。

祈るのであれば、自分自身に祈ろう

人はなぜに、宗教家や宗教団体に恣意的《しいてき》につくられた神などに祈るのでしょうか。本来、すべての人間は、自分に宿した神性を感じられるように、創られた当初から決められています。

【左右の掌を合わせた時に、自らの魂からの言葉を聞け】
輪廻転生の過去世・前世の魂は、今世生まれてくる時、必ず人生を見届けるために、守護霊（分霊）となって体に宿ります。つまり、その守護霊、及び他の霊と神々への通信手段として合掌するのです。

【肉体に守護霊（分霊）として宿ることを義務づけられて来る】

目を閉じる時（瞑想・自己の魂との会話を含む）、夜、肉体を休ませる時（魂・分霊との接触の手段）、顕在意識は無意識に変わり、内在する分霊、すなわち、守護霊たち（一人以上いる）と話し合うことができます。そして、今世自分が決めてきたことの人生についての予習復習（エーテル体とアストラル体の同通）を行うのです。

【祈りとは、本来、自らのためにあるのではありません】

他者の幸せ、平和を祈ることが本来の祈りです。自分の幸せはすべて周りにいる人々の幸せによりもたらされます。周りの人々の幸せを願い、そのために自らを見つめ、自らを正すことです。そして、それ以上に神への意思の同通（アンタカラーナが神と同通すること）を願うことなのです。

もし祈るのであれば、まず今、命あることに感謝することです。決して自らの幸せを祈るのではなく、自分の回りにいる人々の幸せを祈るのです。その心に、愛と歓びが神から授かるということを知るべきなのです。

第四章

〝新・地球人たち〟とは

フォトンベルトが地球に訪れた後に、地球が現在の姿・形を留めることは一切ありません。私たちの三次元の世界における、近代化の中で構築した実物（街並みの建築物など）すべてが破壊されます。と同時に、三次元意識の人間（自我意識・自分さえよければいいという意識で、他を思いやれない者）の魂と肉体も、一切この地球に残されません。他の星の魂として原始的生活からやり直すことになるのです。そのほかは、魂をも抹消されてしまう人々となります。いずれにしろ、三次元意識の者たちが向かう原始的生活の地は、物質文明はなにもなく、精神的にも貧しく、まさに恐竜時代のような恐怖を味わうこともやむを得ない世界になると思われます。

一方、地球と動物や鳥類などの生物たちは、恐竜時代とは違い、五次元意識に向上しているので、一時的に瞬間移動することになります。これはノアの箱舟とは違い、大型の宇宙船によって行われます。

五次元意識（利他意識・人を思う思いやりのある意識）の人間たちも、同じく別の場所に一時的に移動します。そして、この人々は〝新・地球人〟となります。つまり、第二章で詳述したレムリアやシャンバラの人々と出会うことができるのです。そして、共に新・地球人として、将来の地球の地上で生きることになります。彼らは、現在も半肉体半精神状態であり、肉体は十万年生きられる人もいます。老化も病気も輪廻転生もありません。生きていること自体がユートピアの世界となるのです。

誰が信じなくても、私の前世は徳川家康だった

ここからは、私の前世をご紹介しながら、輪廻転生についてお話したいと思います。

前にも少し触れましたが、私は、自分の気功師名について、「時が来れば、日光《にっこう》を名乗れ」との指示を受けていました。

やがて、現在の栃木県宇都宮市に『癒しの気功　日光十無』という気功院を開院することとなり、「日光十無《にっこうとむ》」が誕生しました。

この「日光」の意味は、「日の光」、つまり「太陽」のことであり、「天照《あまてらす》大御神《おおみかみ》そのものの意志を抱く役割」を担っています。すなわち、「私、日光十無が日本に生まれた意味は、地球の最初に日出《ひいず》る国が創られた時の、最初に地上に生まれ、そして、この地球人の最後のチャンス（アセンション・魂の向上）ともいわれる時の最後を迎えるにあたり、地球における魂浄化の先鋒を授かり、平安の心の地の再生を促《うなが》すと決められてきた者」ということです。「そのことで世の人々への光明を与えること」、すなわち「心の病の根源的な快癒と身体の病の原因解明、そして癒しのお手伝いをすること」です。そして、「本来、人間が創られた意味を地球人の万民に知らしめること」が最大の役割です。

また、もう一つの意味は、日光東照宮の「日光」と、そこに祀られている徳川家康公との前世での関係を意味する、とのことでした。つまり、「私の前世（過去世）は徳川家康だった」と告げられ、同時に、今世の寿命は「64才の5月まで（ただし、天命により延命をされる時が来る）」と教えられたのです。

徳川家康（1542年～1616年）は、日本においては知らない人がいないほど有名ですから、日本中で「自分の前世は徳川家康であった」といわれている方も沢山おられることでしょう。もちろん、誰もそれを証明できないのですから、名乗るのは自由であり、誰が信じようが信じまいがかまわないことなのかも知れません。

しかし、人は必ず分霊としての存在があり、その存在から見れば徳川家康のご本体意識そのものだけでなく、分霊、つまり守護霊としての役割で存在した人（魂）もいるのです。徳川家康の一生を知る人は多いでしょうが、歴史上残されたものが、何が真実で何が虚構なのかが問題です。その意味で、徳川家康としての過去世を持っている私が、当時の家康の魂から聞き及んだことについてその一部をお知らせしたいと思います。

徳川家康が天下を取るに至るまでの過程

日本において特筆される事件として、織田信長の死があります。彼を本能寺で追い詰め、自害（爆発死）に追いやった張本人は、周知のように明智光秀です。

しかし、実はその光秀をそそのかしたのが豊臣秀吉なのです。家康ではないかという説もありますが、私の聞き及ぶところでは、そうではないようです。

秀吉の策略であったとしたならば、「親方さまの仇討ち」と取って返した秀吉の動きの凄まじい速さも、暗殺を知っていたからこそと納得できます。

しかし、ここで問題なのは、「光秀は殺された」という事実はないということです。家康の計算は、影で密《ひそ》かに光秀を助けながら光秀暗殺をでっち上げ、光秀の首の替え玉（影武者）を秀吉に差し出させることでした。家康は、それほどまでに光秀の才能と宗教心、それに忠誠心の強さを買っていたといえましょう。

その結果、生きて逃れた光秀は家康の手引きで岡崎城に一時匿《かくま》われ、その後、名を南光坊天海と変えて新たな人生を送りました。世捨て人的な隠《かく》れ蓑《みの》をまとい、家康の天下取りやその後の知恵袋として貢献したのです。

光秀は、信長が自らを神格化しながら、人の命への尊厳も宗教心もないことに嫌気がさしていました。家康はその心を知り、秀吉が虎視眈々《こしたんたん》と天下を狙っていたことをも読み取っていました。秀吉が信長の暗殺計画を企て、光秀が同調し、成功した暁に、秀吉は共謀した光秀をも逆賊として暗殺しようと謀《はか》ったことも家康は読み切っていました。その後、秀吉の五奉行であり、側近でもあった石田光成との確執はあったものの、ほぼ天下盗りの構想通りに、関が原の戦い・大阪冬の陣・夏の陣に勝利したのです。

こうして、家康はいよいよ徳川幕府を開くことになりました。

その後、家康は「征夷大将軍」になりましたが、僅《わず》か2年で将軍の地位を秀忠に譲りました。世襲を見せつけることによって、全国の大名たちの天下盗りの意を削ぐように仕向けたのです。そして、権威を強化したのち、「大御所」となったのでした。

　家康の考えは、戦国の時代を終わらせ、平和を築くことでした。天海僧上となった光秀と共に、[※13]参勤交代制度や[※14]大奥制度を着々と計画・実行し、自らが死しても東照大権現《とうしょうだいごんげん》としての「神号《しんごう》」の権威を誇示するために、東照宮を建立しました。すなわち、江戸から鬼門の北東に栃木・日光東照宮を、裏鬼門の南西に静岡・久能山東照宮を建立して祀《まつ》りました。家康の棺《ひつぎ》は、秀忠の命により日光東照宮に葬られました。そして、事あるごとに大名たちにその参拝を強要しました。

　両東照宮の建立は、江戸城との三点を結ぶ意味でも結界の役割があります。ここで補足しうることは、家康が天照大御神を信じ「東照」と付けていること、また、地元での呼び名「二荒《ふたあら》」を改め、「日光《にっこう》」と付けたこと、これらはすべて「日の光」を原点としたうえでの命名だったということです。

東照宮方位概念図

高藤晴俊著「家康公と全国の東照宮」(東京美術) より

※13：参勤交代制度を創った理由は、家康自らの教訓が活きています。幼少の竹千代の頃に受けた制裁が〝人質〟であり、その経験がいかに有効に人の動きを制することができるかという確信を得たからです。こうして、各大名たちに江戸城の勤務と国元での勤務を交互に行わせる参勤交代の仕組みを創り、大名が江戸不在の折には、必ずその大名の肉親が身代わりとなり、江戸詰めを強要したのです。大名たちは参勤交代の移動費用がかさみ、その上、人質を取られているために、謀反《むほん》や戦さを起こすすべもなく、戦意を喪失していき、約260年にも及ぶ無戦の平和を勝ち得たのです。

※14：大奥制度は、将軍が子孫を残すための最大の計画です。江戸城内に数千人にも及ぶ女性を住まわせ、常日頃から子孫をつくることにいそしむ機会を創っていました。しかしながら、その副産物として、世継ぎ問題でし烈を極めた女たちの戦いが繰り広げられたことも否《いな》めない

事実です。家康は「第三代将軍の家光は、実際には自分の子であった」と事実を語っています。

日光十無の今世、前世、過去世、分霊について

家康の晩年には、第一章で説明した「分霊」が存在しています。それはアンリ・デュ・プレシ（１５８０年〜１６１９年）というフランスの貴族でした。もう一つの私の過去世です。

彼は、フランス国王ルイ十三世の宰相《さいしょう》リシュリュを弟に持つ長兄でした。フランス西岸地方のビスケー湾にある、ラ・ロシエル城の城主でもありました。父も王に仕えた貴族で、名はフランソワ・デュ・プレシです。当時、貴族を封じ込めて権力を奪うという政策のため、宰相の立場であった弟のリシュリュとともに、王族（ルイ十三世の弟のガストン・ドルレアンと母や王妃）

の陰謀により暗殺（歴史上は決闘死）されています。

次に、私の直前の過去世、すなわち、前世についてお話しします。

時は幕末、大政奉還をした徳川幕府第十五代将軍徳川慶喜《よしのぶ》公（１８３７年～１９１３年）です。つまり、家康がつくった徳川幕府の、最後を引き受けた慶喜への輪廻となったわけです。この意味は、私の魂の習性が物語っていると思われます。輪廻転生における自己責任の原則を、因果応報という形をもって終焉《しゅうえん》する役割だったのです。地球創世の頃に関わり、そして、このたびの地球最後の時にも関わるという役割と同様です。つまり、自分でやったことは自分で責任を負うのが当たり前であり、そのために今この世に生まれて来たのだということなのです。

徳川幕府創生の目的は、天下覇権《はけん》と恒久平和でありました。しかし、２６０年の時を経た後、世界との兼ね合いの中で開国を余儀なくされました。そして、坂本竜馬のような志士たちが日本の国を憂い、先進を願い、一幕府での国の統治の在り方ではなく、民意に基づく国づくりを望みました。その結果、大政奉還によってもう一度、国政を天皇へ戻し、民主の政治を執り行うことになりました。それが「明治」の始まりです。読んで字のごとく「明るい民衆の政治（統治）」であり、日本の国の光明を願った命名でもあったのです。そんな時代の流れの中で、自らの先祖である家康の創った徳川幕府の、終焉の責任を全うする運命として生まれて来たのが、慶喜だったのです。

ところで、徳川慶喜の分霊もまた、アメリカの禁酒法時代に存在しています。エリオット・ネス（１９０３年～１９５７年）です。シカゴのマフィアのボス、アル・カポネが君臨していた時代に、財務省から連邦捜査局に配属された彼は、地元の警察官たちと汚職・暴力・麻薬のはびこる世界の崩壊を誓い、結束してアル・カポネを脱税で捕まえ、終身刑に服させました。ケビン・コスナー主演の「アンタッチャブル」でも有名です。

今の私に「悪」が蔓延《はびこ》ることを嫌う根強い信念、資質があるのは事実です。しかし、それは単に暴力団の壊滅というようなことではなく、「人間の一生に大きく関わる病魔との闘い」という生き方に表われていると思います。

「病魔」は、病として取りつく憑依《ひょうい》の魂の障《さわ》りです。私には、その霊障害がこの時代に新たな邪悪として厳然として存在することを知らしめる役割もあります。今の病気のほとんどが、自らの意思が決めた憑依《ひょうい》現象そのものであり、肉体がそれに大きく影響を受けていることをお知らせする必要があるのです。

では、ここまで解説した私の今世、前世、過去世、分霊について図解で説明していきましょう。

次ページの図「今世、前世、過去世、分霊の関係」をご覧ください。いずれも分霊が出現している期間にオーバーラップした時を過ごしています。もちろん、当時の私がそのようなことを知るよしもありません。

今世、前世、過去世、分霊の関係

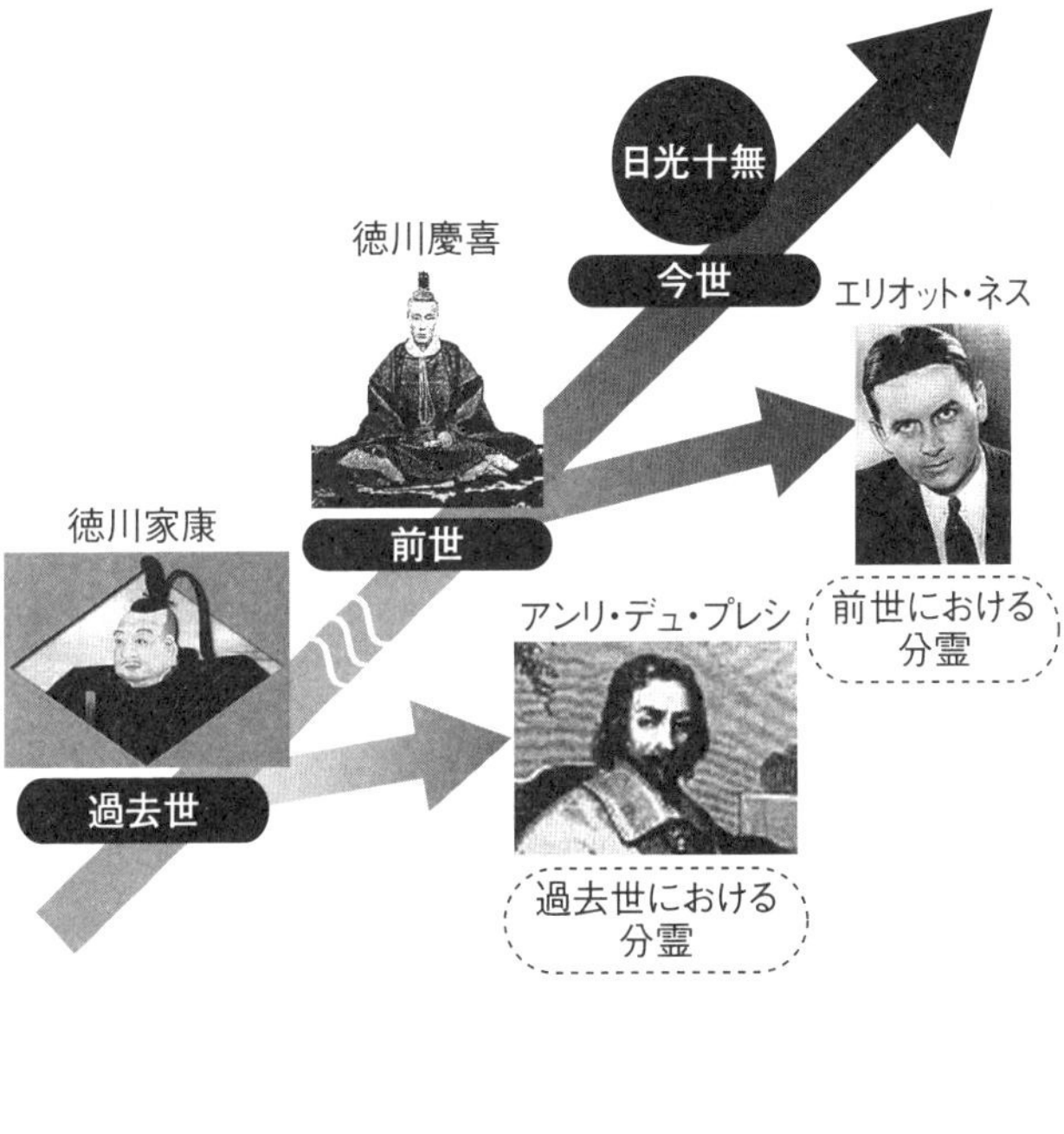

・徳川家康　１５４２年〜１６１６年の生涯、
（後者と36年の重複期間）
・アンリ・デュ・プレシ　１５８０年〜１６１９年の生涯
・徳川慶喜　１８３７年〜１９１３年の生涯、
（後者と10年の重複期間）
・エリオット・ネス　１９０３年〜１９５７年の生涯、
（後者と６年の重複期間）
・日光十無　１９５１年生まれ。

続いて、次ページの「魂の輪廻と目の関係」の図をご覧ください。各々の「目」の部分だけを、現在の私・日光十無の目に置き換えて表記しました。なぜならば、輪廻転生における目は、瞳の色はちがっても、何千年・何万年経っても変わらないからです。それは、目が魂そのものを写し込んでいるからなのかも知れません。

魂の輪廻と目の関係

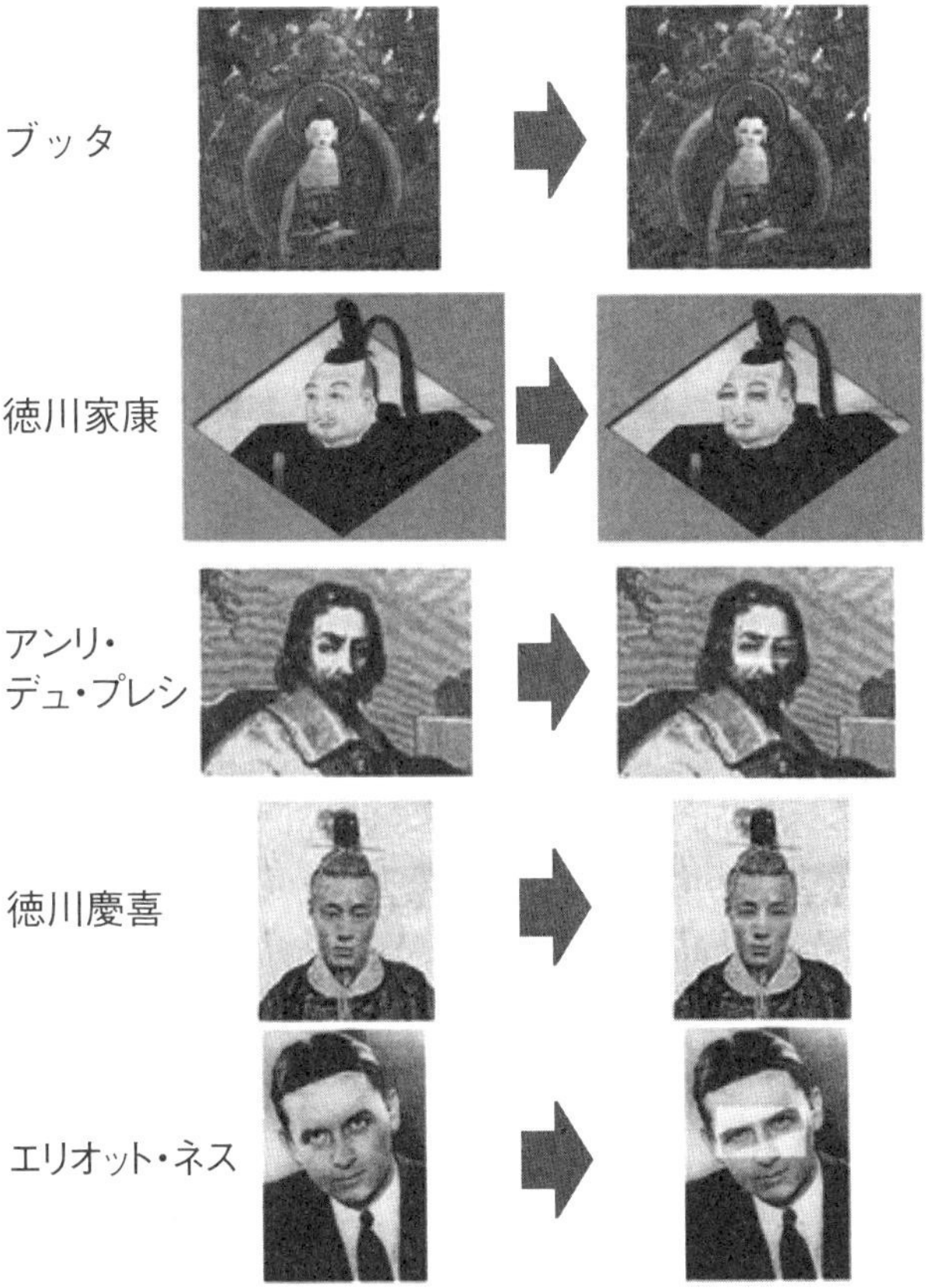

今の時点で知らされている私の3000年前の過去世の魂は、ゴーダマ・シッダールタ、つまり、ブッダ（仏陀）といわれています。この方を前世に持つ人物としては、かの宗教団体の教祖が有名です。その信徒の方々からすると、当然、私の持論は信憑性を疑われることでしょう。しかし、誰もそれを証明できないのが事実であり、ブッダといわれているその人を信じていくことしか、真実はないのです。いずれにしても、時が来れば、真実が明かされることは間違いないと思われます。

ここで皆さまに断っておきたいことがあります。私は気功師であり、決して宗教家ではありません。宗教家になるつもりもありません。また、喜捨《きしゃ》や布施を望む宗教団体をつくる気も全くありません。

私は気功院を経営していますが、「株式会社日光十無」として法人の形をとっています。さらに、仲間と共済会としての歩みをして行こうと思っています。詳しいブッダに関する内容については、今回のように創造主からの指示をいただければ、いずれ別の形で書いてみたいと思っています。

さて、ここまで述べた人々が私の魂（分霊）の履歴であったことを、私は創造主や神々との通信により知らされました。もちろん、私にとっても寝耳に水であり、気功という目に見えない特殊な世界に入ったからこそ知り得た事実です。

私の特殊な役割は、「目に見えない気」を扱うだけに留まらず、「目に見えない意識」、すなわち魂・霊・神や肉体に関わる精霊との通信でもあります。私の能力うんぬんといったレベルの問題ではなく、どうも、自分はそれを役割として与えられたとしか言いようがありません。「目に見えないことの真実」を伝えること、そして、地球人がアセンション・次元上昇を図る時が訪れたことを伝える役割に目覚めさせられたのです。

ブッダ意識を共有する使命

地球人がこれからもこの地球での生息を願うのであれば、地球環境や生態系などのありとあらゆる破壊を止めることです。国対国の武力競争、経済・石油の利権競争、戦争で他国の財産を奪う行為、人命を奪う行為……これらを世界の人々は見過ごしたままでいるのでしょうか。また、我々はこのような地球上でのエゴイズムの極致と、なぜに同調して生きて行かねばならないのでしょうか。

これもすべて、地球人の心から神性が失われているためです。宗教、倫理の形骸化や道徳の欠落によるものです。「宗教＝救済」という考え方により、人間は見返りを求めるようになりました。人間の心は物の売買のごとく扱われ、他人（他国）への愛は希薄となり、利他（周りの人の幸福を願う・人やものを活かし育てる）の考えが全くない社会を創っているのです。

その一方で、人々の魂の叫びのごとく、平和を祈る気持ちが充満しているようにも思えてなりません。これが地球人の最後の喘《あえ》ぎ・叫びであることは間違いありません。もう待てません。今、この地上に、67億もの人々が魂を持ち、生まれているのです。人間として地球上で生きる最後のチャンスとして、この時を選んでいるのです。地球人は自我、いわゆるエゴイズムから抜け出さなくてはなりません。すべてが他人への思い・愛を基本とした「利他」に生きることです。こんなに簡単な心の在り方なのに、むしろ軽視していることが問題なのです。人間の人生は自我を生きることを越えたあと、利他に生きることを目的として、神から輪廻転生を与えられたのです。そのチャンスを何回も何回も私たちは繰り返し経験してきているのです。

人間は一人では生きていけないからこそ、社会の最小の単位として家族があります。たとえ、両親・兄弟といえども、自分以外の人格を持った人々とは違いを感じるものであり、そこに人生の学びの極みが隠されています。自我と他人の自我とのやり取りの中に違いを生じ、そこに葛藤を覚え、不信・

嫌悪・差別・憎悪・嫉《ねた》みなどから挫折を覚えます。しかし、成長は必ず変化を生じます。すなわち、他人との学びにより、自我欲を満たすことができないと知り、ならば他人に自らが施《ほどこ》しをすることで安堵が生まれる、と気付くのです。これがそもそも利他の始まり、慈悲、愛であり、神の心と同通している人間の最大の要素なのです。

私はこれまで、本書を通じて人間としての在り方を述べてきました。これらのことは、3000年前にゴーダマ・シッダールタ、すなわち、ブッダ・仏陀（私の過去世の魂）が述べたことと、時代が違えども何ら変わりがありません。ブッダは「神とは大宇宙創造主そのものである」と皆様に伝えたかったのです。その創造主がこれまでの警告ともいうべき、本書の真髄にすべて関わっておられたことを、最後にお知らせしておきます。

第五章

前世鑑定の取り組みと実例

私は長年、前世鑑定に携わってきましたが、私の前世鑑定の特徴は、その人の今世における大きな課題（カルマ、悪業・悪癖、トラウマ・心の傷など）に照準を当てることです。前世が出てくるか、あるいはもっと古い過去世が出てくるか、内容はその人によって違います。私がその人の守護霊に問いかけると、最も主観的なことが出てきます。また、その人に関わっている神に問いかけると、もっと全体的なことが出てきます。それを聞き取った私が、客観的・全体的に理解して、今世どうすべきかについて述べます。それはその人の人生における提案であり、是正点であり、反省や修正としての鑑定結果となります。

もう少し詳しく言いますと、例えばその人が悩み苦しんでいるとしたならば、自分が今世を決めてきた一番の理由がわかることにより、苦しみの原因もわかるわけです。それが、今世における問題点の解決の糸口になります。また、その苦しみの原因となる相手がいれば、前世・過去世で自分とどういう関係・立場であったかもわかり、相互に納得できます。まさに、原因と結果が自己責任を原則とした輪廻転生において、因果応報の形で現われているのが、我々地球人の人生の生業《なりわい》であると理解できるのです。

日光十無を選択し、来院され、前世鑑定を受けられた方々から一様に、誰も教えてくれなかったことをわかり得たことへの感謝と驚きの言葉をいただきます。相反して、「お金を出したから当たり前」と思っている方は、やはり何も収穫を得たとは思っておられないために、人生の運命の修正をすることがありません。自分で決めてきた今世における運命を修正できるのは、私たち他人ではありません。私たちは気付いていただくように接するのが役割であり、決して他人の運命や寿命を変えることはできないのです。だからこそ、人間は自分の運命に気付くことが非常に大切なのです。

今まで、それを知らせる役割の人が頻繁に現われなかったのも、神の所業と言えましょう。人生の行く末がわかっていて努力する人は誰もいません。わからないから皆一様に精一杯頑張ろうとするわけです。しかし、時が悠長な時代ではないために、今回、日光十無のような人間がブッダ意識を共有して、知らせ・気付かせる役割として存在しているのです。

前世鑑定の実例

『癒しの気功　日光十無』を訪れ、前世鑑定を受けられた方々のうち、歴史に名を残した人物が前世、過去世、あるいは分霊だった方のみご紹介いたします。なお、前世鑑定のほか、数回の過去世鑑定を受けられた方については、複数の人物名を記載しています。

1）天使ガブリエル、聖母マリア、始皇帝、ヘンドリック・ヴィレム2世（オランダ国王）　栃木県の男性・40才

2）天使ウリエル、項羽（楚の武将）、レーニン（ソ連の建国者）、ゴルバチョフ（ソ連の書記長）の分霊　東京都の女性・40才

3）天使ルシフェル（悪魔サタン）、ナポレオン一世、出口なお（大本の開祖）

東京都の女性・45才
4）ハデス（ギリシャ神話のゼウスの兄）、マリア・テレジア
栃木県の女性・41才
5）安倍晴明（平安時代の陰陽師）、ロックフェラー（アメリカの実業家）の母
栃木県の男性・43才
6）柳沢吉保（徳川幕府第五代将軍綱吉の老中）、フビライハン、煬帝（隋皇帝）
宮城県の女性・50才
7）小野妹子（遣隋使）、玄宗（唐の皇帝）、空海（弘法大師）の分霊
栃木県の女性・75才
8）聖徳太子の分霊、源頼朝の水軍の大将
東京都の男性・41才
9）毛利元就（戦国武将）
栃木県の女性・46才
10）曹操（魏の武将）
栃木県の女性・42才
11）西太后（清の女帝）
宮城県の女性・43才
12）柴田勝家（戦国武将）
栃木県の女性・43才

13）徳川家重（徳川幕府第九代将軍）　栃木県の男性・50才
14）明智光秀（戦国武将）　栃木県の男性・38才
15）沖田総司（新撰組）　栃木県の男性・46才
16）ピョートル3世（ロシアの皇帝）　栃木県の男性・25才
17）中御門天皇（江戸時代）　栃木県の女性・33才
18）平知盛（平清盛の子）、ベルギー王の娘　栃木県の男性・39才
19）千姫（徳川幕府第二代将軍秀忠の長女）　栃木県の女性・28才
20）松平定信（徳川幕府第十一代将軍家斉の老中）　東京都の男性・72才
21）徳川治貞（紀州藩第九代藩主）　東京都の男性・24才
22）虞美人（項羽の愛人）、野中四郎（二・二六事件の将校）
東京都の男性・54才
23）山背大兄王（聖徳太子の子）、徳川秀忠（徳川幕府第二代将軍）、ナポレオン3世
東京都の女性・78才
24）お江の方（徳川幕府第二代将軍秀忠の正室）、ナポレオンの愛人、壱与

（邪馬台国女王卑弥呼一族の巫女）　東京都の女性・57才

25）ウイリアム・ピット（イギリスの首相）　東京都の女性・56才

26）近藤勇（新撰組）、坂本竜馬の分霊　栃木県の男性・41才

27）アドルフ・ヒトラー（ナチスドイツ総統）、オランダのシスター　栃木県の女性・29才

28）カロル二世（ルーマニア国王）、彦根藩の代官の娘　埼玉県の男性・29才

29）ヨハン・シュトラウス（オーストリアの作曲家）、アルベルト・アインシュタイン（ドイツの物理学者）　栃木県の女性・28才

30）高倉衛ヱ門（佐渡金山の管理者）、エジンバラ公（一八〇〇年代）の分霊　千葉県の女性・59才

31）ルドルフ一世（神聖ローマ帝国皇帝）、岡山の農家の男性　栃木県の男性・29才

32）ジョヴァンニ・ディ・ビッチ（イタリア・フィレンツェの大富豪）　栃木県の男性・35才

33）玄宗（唐の皇帝）の分霊　千葉県の男性・46才

34）ニコル（フランス国王ルイ十三世の宰相リシュリュの妹）、徳川光圀、井伊直弼の分霊　福島県の女性・57才

35）聖徳太子、源義経の水軍の大将　埼玉県の男性・45才

36）始皇帝の母、安藤輝三（二二六事件の将校）　愛知県の女性・42才

第六章

気功施術の取り組みと実例

私が行っている気功施術は、心身両面から癒すことを目的としています。

1）A・身体に触れる脊髄活性化気功療法。

B・身体に触れない瞬間活性化気功療法。

2）1）のA・B両方合わせて、体質改善気功療法と呼んでいます。

身体がその心身状況を知らせてくれます。受付ファイルにご記入いただいた病歴などはあくまでも参考にさせていただくだけで、実際には、その症状を臓器・細胞に聞いていくのが私たちの方法です。私たちは細胞や臓器などの反応を、気により感じ取ります。ですから、私が直接施術していなくても、例えば、別の場所にいても、私以外の気功師が施術している時の反応を感じ取ることができます。

3）フェイスエステ気功、フルボディエステ気功（女性限定）

人は誰でも「幸せになりたい」と願い生きています。しかし、この切なる願いが満たされないのが現実です。生活習慣病や肥満など日常にあふれる身体の悩みがあっては幸せとは言えません。この気功の力を用いたエステは、幸せになるための美しさと健康を取り戻すことができます。「顔も身体も美しく健康でスリムで、もっと幸せになりたい……」という願いを叶えるための施術です。気功により体脂肪を燃焼させ、体質改善を図れます。また、気を充てることによって、顔のシミ、シワ、タルミ、そばかすも改善できます。さらに、自らの悩みを作っている心（考え方）を見つめ直すためのアドバイスもします。

女性にとって理想的な施術により、気軽に美しくスリムになれ、癒しと健康、幸福感まで得られます。気功師によるエステだからこそ得られる効果です。

4）気功及びカウンセリング

生活習慣病や身体の痛み、神経系の痛みに悩まされている方々の病気の原因を解明し、快癒へと導きます。

人間の臓器や細胞は、各々に精霊たちが役割を持って存在していす。つまり、意識が宿っているのです。私は、その意識に問いかけることによって、本人から病状を何一つ聞かなくても、身体に触れなくても、各臓器に手をかざして、その方の意識、魂、臓器・細胞から症状を聞き取ります。そして、数分気を充てることによって痛みやシビレ、発作などの症状を緩和させます。しかし、これは症状を一時的に抑えているにしか過ぎず、根本から快癒した状態とは言えません。なぜなら、その病気を作っているのは本人の心の在り方（考え方）だからです。自らの心の在り方（考え方）によって行動した生活習慣が、病気という結果に表れているのです。ですから、自らの心が病気を作っていることに気付いていただき、その心を見つめ直し、行動（日常生活の在り方、健康への考え方など）を変えることをアドバイスすることによって快癒へと導きます。

5）スピリチュアル・カウンセリング

現在の社会は非常に複雑な想念が入り乱れており、特に自分と他人との違いに葛藤（人間嫌悪、人間不信、人間回避、軽蔑など）に悩み苦しんでいる方々が非常に多く見受けられます。当院においても、うつ病、過食症、拒食症など精神面に悩むたくさんの方々が「なぜ、このような病気になるのか？」「どのように解決すればよいのか？」という疑問に対する回答を求めてお越しになります。病気という悩み（課題）は、俗に言う山や壁のようにその方が乗り越えるべき試練でもあるのです。

私のスピリチュアル・カウンセリングは、その方の守護霊や本体意識（魂）と通信しながら、身体と心の課題を解明する方法をとっています。しかし、その課題の内容が、トラウマや前世・過去世における習性、カルマ（悪業・悪癖など）による場合は、前世鑑定においてより深く紐解くことになります。

6）遠隔気功療法は、対象となる方が私の目の前にいなくても行えます。一度も会ったことがない方でも、存在を私が認識し、その方へと意識を向けます。そして、細胞・臓器などから症状を聞き取ります。すると、身体の状況について答えが返ってくるので、こちらからその方に気（施術をする意識）を送ります。結果は、人によっても違いますが、約20分くらいで反応が出ます。身体全体、あるいは一部が熱くなったり、痛くなったりしますが、その症状こそが施術の成果です。やがて、楽になり、痛み・だるさ・かゆみが消え、熱が下がります。

7）精神障害者・身体障害者リハビリ気功療法

A・精神障害者の場合は、状況にもよりますが、霊障害での対処療法が多くなります。前世からの因果がそのまま病気・難病という人生を企てているだけに、苦難の道を歩むわけです。当然、本人及び家族はそのようなことを知るよしもないので、ただ苦しみの中にはまってしまっています。通常であれば、常識的にも快癒は非常に難しい、否、不可能に近い病気の資質を持っています。しかし、私にとってはその方との縁が「神が言う、意味のある出会い」によるのであれば、後述の精神障害者のような実例の結果にもつながります。そして、ご本人が快癒し、世の中にその事例を知らしめられれば、他の同一の病気の方々への光明を抱かせることができるのです。

B・身体障害者の場合も非常に難解な問題です。精神障害者と同じように、前世からの因果が理由であっても、完全に意識・思考を失っている場合や、本人が諦《あきら》めている場合などは快癒が望めません。病気の原因も結果も、すべてにおいて本人の意思が大切なのです。快癒を望んでもその快癒への条件が揃わない限り、霊作用を修正できないこともあります。

しかし、本人が自発的にリハビリに取り組めば、快方に向かう場合もあります。細胞や骨・筋肉の神経は脳と直結しているのですが、その末梢神経を自発的に動かす（杖・装具・補足体などを外して行う）ことにより、脳との連携を取り戻せます。脳に再生能力がないと最初から決め付けるのではなく、本人の意思で自覚を促すことが脳細胞の活性化につながるのです。絶対に諦めないで取り組むことです。

8）前世鑑定療法については前述のとおりです。

9）運命鑑定療法は、その人の人生において、どうしても解決できない問題について対応します。運命的な内容を確実に変えていくためには、前世から来ている因果応報の世界を紐解《ひもと》かなければ絶対に解決しません。具体的には、

・両親・兄弟・親戚との不和。災難・災害・事故に遭う。財産問題がある。
・異性との接触が苦手。恋愛ができない。
・学校・就職が決まらない。授業・仕事についていけない。
・結婚しない、出来ない。結婚を繰り返す。
・義父母・義兄弟との不和。災難・災害・事故に遭う。財産問題がある。
・子供を産まないことを決めてきた（意志で決めた。または、先天的、後天的のいずれかにより産めない身体として）。
・障害のある子を産む母になる。障害のある身体で生まれる。
・人に危害を加える（人身事故・傷害・殺人ほか）。

・自分が人から危害を加えられる。
・精神的に不安がある。攻撃的な性格が強く出る。
・酒乱、暴力癖。
・霊媒体質である。霊が見える。霊障を感じやすい。
以上のような事例があった時は、必ずと言っていいほど、自分以外の魂・霊が関わっています。まずは、自らの分霊でもある守護霊の影響です。もちろん、自分で今世の人生を決めてきた当事者ですから、その影響が人生そのものに出るのは当たり前です。

次に、その悩みに増長する憑依霊・悪霊などの存在です。この存在が非常に問題を大きくしています。存在が見えないだけに、ほとんどの人には対応できません。特殊な霊感者や宗教家以外には対処不可能なのが実情です。私は、気功師として身体と心の両面を癒す施術をするのが役割です。

目に見えない世界において対応する時の前提は、霊も同じ人間の意識を持っているのを忘れないことです。話せば必ずわかります。その人間の資質の低さゆえに、わからない場合もまれにあり、そうなるとそれ以上の関わりは残念ながら持てませんが、ほとんどの霊はわかってくれるので解決へと導けます。

悪霊に関しても、当初その意識改革の手助け（浄霊・天昇）をしていましたが、現在、肉体を持つ私の立場では、肉体の衰弱と消滅（命がなくなる）が伴う危険性があるゆえ、現在は対応できません。霊の世界の役割を持っておられる、不動明王に対応をお願いすることになります。

10）先祖鑑定療法

霊のなかには、この三次元に浮遊する人間霊や動物霊などもいます。なかでも、先祖の浮かばれない霊たちが相当に関わっている場合も多いので、その霊たちに対応します。供養を受けていない、墓がない、墓に来てくれない、関心をもってくれないなど、物申したい霊たちもいます。それ以上に、悲惨な死に方をした人や、死んだことすらわからずにいる人が浮遊して子孫に憑依をしている霊たちもいます。

これらの霊たちも、非常に強い霊障害を及ぼします。というのも、もしその先祖霊が沢山の人を殺していたり苦しめていたりした場合、その被害者の霊はその怨念を晴らさんがために、その子孫に憑依を繰り返すのです。たとえそれが200年前のことであろうが、1000年前のことであろうが、全く関係ありません。いつまでもどこまでも、その当事者（加害者）が現世に現われるまで彼らは三次元で待っているのです。そして、因縁のある子孫に必ず関わってきます。先祖霊たちも苦しみ・悩み・叫び・怒り・憎しみを持っています。そして、あなたたちに気付いてほしくて関わるのです。もちろん、その関わりも当人が決めてきています。「自己責任が原則の地球人」にとっては、前世では逃げても今世に応報するという、法則通りの結果が出てきます。それをまさに自分自身が決めているのです。

　先祖鑑定においては、霊たちの言いたいこと、やりたいこと、やって欲しいことを私が聞き取り、一人ひとりの意思を確かめます。その結果、その霊たちを納得させることができれば、また、罪の反省と謝罪もできれば、霊を天上界へ上げることを神にお伺いして許可をいただき、天昇させてあげられるのです。

11）気功教室の開催

　最近太った、身体がだるい、身体を動かす機会がない、気の取り入れ方がわからない……などとお悩みの方、いつまでも健康を維持したい方など、年齢・性別に関係なく気を取り入れる方法をお教えしています。全身を活性化させる準備体操からはじまり、楽しいシェイプアップ歩行、内気功法による気の取り入れ、瞑想法による心のリフレッシュ、最後は美と健康について語り合うティータイムで終わります。

充実した内容で、身も心もリラックスできる癒しの時間を提供しています。

12）気功セミナーや講演会の開催

テレビ番組などでも話題の「オーラ」。なぜ今、この目に見えないオーラが注目されているのでしょうか。お金や物、名誉、プライド、学歴などの物質に価値をみる現実社会にあきあきしてきた人が、目に見えない神秘的な世界、一部だけでなく全ての人にあり、しかも自分の性格や感情、ストレスの状況までも知ることができるという点で興味を持つようになったと言えるでしょう。つまり、真実が見たい、自分の本質・人間の本質を知りたいという思いが社会現象として現れているのです。

オーラ、前世、魂、人間の仕組み、地球の仕組み、宇宙の仕組み、地球人としてどう生きるべきかなど、幅広い分野を奥深くまでご説明します。

13）気功セラピスト及びスピリチュアルカウンセラーの育成

日光十無ヒーリングカレッジにおいて、健康を支えるための気功の施術法や今世の人生の意味を解明する前世鑑定療法などを指導します。「気」・「魂」・「心」を通じて、人々の幸福のための気付きへのアドバイザーとしての役割を担える心を持ち、世界中で活躍できる人材を育てます。

A・気功セラピストは、前述の体質改善気功療法によって、病気に苦しむ方の身体の症状を緩和させます。気によって感じ取った臓器・細胞の反応から病気の原因を解明し、その原因が自らの心の在り方（考え方）にあることに気付かせることによって、心と身体の両面を癒し、快癒へと導く役割です。

B・スピリチュアルカウンセラーは、病気や不幸による悩み・苦しみを今世の課題（カルマ、トラウマなど）として輪廻転生の中に見い出し、それらの原因を解明します。つまり、前世鑑定・過去世鑑定によって今世の人生の意味に気付いていただき、今世の課題を解決する糸口を提案します。さらに、自らの人生を決めた当事者である守護霊の影響による悩み・苦しみに増長する憑依霊・悪霊や浮かばれない先祖霊たちが関わっている場合は、運命鑑定、あるいは、先祖鑑定により解決へと導く役割です。

⑭オーラ写真の撮影

統合医療の時代に先駆けて、オーラとチャクラに注目しそれらを撮影しています。オーラ写真とは、上半身、全身のオーラ・チャクラの状態をリアルタイムに表示し、それらの色、サイズ、特徴・内面（感情・性格・身体バランス・ストレスの状態など）を瞬時に分析した個人のデータです。Ａ４版約22ページをフルカラーで印刷してお渡ししています。さらに、そのデータをもとに現在の心と体の状態についてアドバイスします。

15）ぬか酵素風呂への入浴

総合的な健康管理の一環として、ぬか酵素風呂への入浴をお勧めしています。ぬかの酵素が毛細血管を通じて体内に入り込み、老廃物を浄化します。約70度あるぬか酵素の発酵熱は、体感温度で42～43度くらいなので、約15分で程よく汗をかくことができます。一時的に血管を広げるだけのサウナや心臓に負担のかかる温泉と違い、自然の発酵熱が新陳代謝を促し、細胞が活性化され、血液浄化が図れます。老廃物や不純物が血管に詰まり、各臓器に必要な栄養素が行き届かず機能低下した結果による病気のほとんどは、身体を芯から温め、血液の働きを正常化することで高い効果が得られます。もちろん、気功療法との相乗効果は言うまでもありません。

気功施術の実例

①精神障害者2級の場合：24才女性（栃木県在住）

その女性が初めて当院を訪れたのは、平成18年の6月頃でした。

「先生！　私を助けてください。私を助けてくれる方ならば、誰でもよいのです。助けてほしいのです」

「今までにも沢山の先生に会って来ましたが、誰も私の病気を治せた人はいません。でも、私は諦めたくないのです。だから、助けてください。お願いします」

必死の思いで私に訴えてきました。

彼女は16歳の時に、目の前のベランダで実の父親が首を吊っている姿を見ています。しかし、どうしても体を動かすことができませんでした。自分も病気だったので、止めることさえできなかったのです。そんな彼女の状態は、まさに数十人、否、とんでもない！　80人近くの憑依霊《ひょういれい》に侵されている状態だったのです。

彼女の前世は南京大虐殺の日本兵でした。中国人の兵隊はもちろんのこと、一般の婦女子に至るまで、約40万人もの人々を、戦争といえども殺害したのです。ちなみに、これは事実として書いておきますが、戦争によって殺された人々と虐殺された人々とは違います。すなわち、虐殺された人々は1万人に遠く及びませんでした。

女性の父親の前世も、当時の彼女の上官でした。つまり、その罪の呵責（戦争により人を殺す）で自分自身が許せず、二人の因果も含め、不幸な人生そのものとして人生を組み立てて来たのです。

約1年半に及ぶ施術は、まさに日々が地獄絵図であり、私も週1～2回ほどしかできませんでした。なぜならば、私が人間である限り、肉体が在るため、霊との対峙は危険であり、対応が難しかったからです。つまり、来院の都度、その憑依霊たちと関わりを持たなければならない（本人に憑依させる・その先祖霊の名前を呼ぶことで憑依する）ということは、私の命を削ることでもあったと言っても過言ではなかったのです。

施術は約1時間でしたが、1日当たり1人から多くても3人の憑依霊（累積すると三次元と四次元の先祖霊、及び三次元の浮遊霊六十数人、そして悪霊12人・地獄霊5人、伊邪那美命・九尾のキツネ・サタン・ヤマタノオロチ・メビウスなど）との対話と浄霊、及び天昇（天上界へ神の許可をいただき上げること）と抹消を行っていきました。抹消とは魂の抹殺・抹消であり、本来はあり得ないことですが、今回は特別に必要だったのです。

悪魔たちの魂は、相手が相手だけに相当に手強いのですが、彼らを浄霊することも私の役割だったので、決して怯《ひる》むことも臆することもありませんでした。彼らが私に危害を加えようとしても、暴れ叫んでも、「のれんに腕押し」状態であったようです。一切、私に触れることすらできない状態で、淡々と浄霊は執《と》り行われました。しかし、とにかく凄まじい叫び声と暴れ方なので、一般の方のいない夜しか対応できませんでした。

平成19年6月を過ぎた頃から、彼女は一切薬を飲んでおりません。途中、暴れたために病院に入院し、医者から薬を投与されたことがありますが、そのときだけです。現在の表情は、誰が見ても正常です。たまに過去の習性（憑依現象の一部）ではなく、本人の癖として霊障の波長を合わせることがありますが、絶対に「憑依霊たちと関わらない、波長を合わせない」と意識を強固に持つことで、自分を変えることができました。ゆえに、今ではもう問題がない状態と言えましょう。

このケースについては、本人の希望もあり、いずれはもっと詳しい内容について別の機会にご紹介させていただこうと思っています。

②先天的脳疾患（結節性脳硬化症）の場合：4才女児（栃木県在住）

このお子さんを初めて見た時（平成19年2月頃）は、四肢の動きが悪く、歩くこともつかむこともおぼつかない状態でした。それ以上に、意識が散漫で、母の問いかけに答えることさえできませんでした。

彼女には凄まじい数の憑依霊が、憎しみを帯びて関わっていました。その凄まじい怨念に、恐怖すら覚えたのは事実です。まるで野球場の外で入場を待つ群衆を真上から見るように、約1500人もの人が蛇状に連なっていたのです。たった4才にも満たない幼子の身体に、1500人の大蛇が巻きつき、後頭部から噛んでいる状態でした。

これでは病気といえども、病院では為す術《すべ》などありません。私はこの幼子が重度な症例であっても、私と出会う限り意味があるのだと思い、対応することを決めました。

この子の前世を鑑《かんが》みると、韓国で兵士をしており、酒を飲んで逆上し、実母（今世の父親）を殺害していました。兵士として戦う姿も狂気を帯びており、殺すことに快感すら抱いていたのでした。

施術はまず、750人の憑依霊の浄霊と天昇を行いました。この霊たちは、前世に殺害された兵士たちで、三次元に居残り、怨念を返す目的で取り憑いていたのです。その後、この子の家族から憑依霊たちへ謝罪と供養をしていただき、後の５００人の方々と対応し、同じように浄霊と天昇を促しました。しかし、残りの２５０人はなかなか納得に至らず時を過ごしました。

　というのも、この者たち以外に彼らを操《あやつ》っている者がいたのです。すなわち、悪魔です。その名はメデューサ（ヤマタノオロチ）で、人々を苦しめ苛《さいな》む悪魔（悪役の神）です。それを蛇の象徴として、イングランドバンクはマークに刻んでいます。しかし、この子の場合、意識は聖母マリアの化身であり、我が子イエスが悪魔の手により磔《はりつけ》にされ殺された、その悲しみを繰り返し経験する立場を持って現世に現われました。すなわち、神《マリア》はすべての悪を受け入れ、それを許すというカルマを持っていたのです。だからこそ、この神としての在り方を現世の人々に知らしめる役割を持ち、降臨する宿命でもあったのです。

　それを知らされた私は、メデューサと対峙し、意味を知らせ、役割が終わったことを告げました。そして、今回のこの子との関わりも終わらせることを申し上げ、それ以上に悪役の神としての役割の深さに同情し、労をねぎらい、創造主にそのことを申し上げました。その後に天昇のお許しをいただき、上られたのでした。

天昇に導くことにおいては、私自身も、その役割の大きさに身が引き締まる思いを感じました。前述の精神障害者の女性の悪魔にも「ヤマタノオロチ」という分霊が関わっていましたが、一つの名前に対して一つの魂だけではないことが、対応を困難にする原因です。それが霊界なのです。

その後の経過は、快方への確かな手ごたえを感じています。彼女は母親と手をつないで歩けるようになり、母親の言うことにも反応し、言葉こそまだ話せませんが答えることができます。もちろん、しっかりと目を見ている状態です。当然、この状態（現時点での結果）は誰が見ても信じられないようなものであり、周りの人々の驚きと共に家族のうれし涙が目に焼きついています。

③膠原病《こうげんびょう》の場合：40才の女性（埼玉県在住）

その女性は、もう10年近い年月を難病といわれる膠原病に侵されてきました。その間、片時も薬を手離したことがありません。いつも身体がパンパンに腫れており、いつ爆発してもおかしくないほどに膀胱が腫れています。利尿剤がなくては生きていけませんでした。

平成19年8月からその薬を一切やめてもらいました。そして、ぬか酵素風呂に入った後、気功の施術を行い、さらに気功師たちが20分おきに気を入れ込みました。さらに、断食を行い、身体はツーサイズほどもスリムになりました。薬は今でも一切飲んでいません。

ちょうどその頃（平成19年10月）、彼女の母の胆のうガンが判明しました。お母様も当院での施術を望まれたため、母子の宿泊となりました。しかし、残念ながら母の病気は末期であり、食べることができず、病院での治療になりました（その後11月に逝去されています）。しかし、「結婚して以降、共に寝起きをしたことがなかった」と言っていたこの母娘が、最後のひと時（約10日間）を当院で過ごされたのは、何とも凄いことだと感じています。天昇されたお母様は、今度はこの女性の身籠るべき子の魂となって現世に来られるということです。

ちなみに、この難病を患う理由を前世から鑑《かんが》みました。彼女は吉良《きら》上野《こうずけの》介《すけ》であり、ご主人は赤穂《あこう》浪士の一人でした。敵味方の立場で、最後に吉良の首を仕留めた浪士であったのです。

この有名な話では、吉良が悪者とされてきましたが、事実は決してそうではありません。当時は先輩が後輩を指導するのは当たり前でした。しかし、赤穂の城主は吉良の指導を「逆恨みと恥辱を受けた」と誤解し、殿中に及んだのです。つまり、城主の裁量と許容のなさ、すなわち、わがままで短気な気性が呼び込んだ出来事だったのです。とはいうものの、吉良はその人としての在り方に反省と悔悟《かいご》も交えて、今世を組み立てて来ています。当時の因縁を呼び、自らの病気により、罪の償いを相互に晴らす立場（夫婦）を決めて生まれて来ているのです。

ちなみに、ご主人側にもやはり罪の呵責が伴っています。それは、本人以上に家族や親族に不幸が重なっていることからしても因果が伺えます。これらのことが輪廻転生の因果応報（病気や不幸・事故・事件を決めてくる）の事例の一つでもあるのです。

以上、当院におけるごく一部の施術例を紹介しましたが、ここで「病気」の意味について補足しておきます。

あなたは日頃、何もないことに感謝していますか？「何も異常がないこと」にです。よく眠れますか？　食事はおいしいですか？　快適に便通や尿出ができていますか？

単純な日常の行為でも、不都合があると決して愉快な気持ちになれず、憂《ゆう》鬱《うつ》な思いで過ごしている人がたくさんいます。そのうえ、家庭や仕事でトラブルが続き、精神的に悩んでしまい、ついには肉体にも欠陥が生じる人もいます。今、あなたに問題はあるでしょうか？　あるとしたら、何が原因だと思いますか？

本書で述べてきたように、あなたの体には魂が宿っており、臓器・細胞にも感情があります。だからこそ、一番大切な自分の身体に感謝してほしいのです。何もない時に身体に「いつもありがとう」と語りかけてあげたり、摩《さす》ってあげたりしてほしいのです。見えないから、答えてくれないからと、体の気持ちを見過ごしてはいけません。私たちは、何も異常がなく過ごせているから幸せなのです。楽しく、喜びも倍増するのです。だからこそ、自分の体に感謝してほしいのです。

また、朝起きたときに何かしらの異常を身体に感じたならば、その部分に意識を向け、「ごめんね」と語りかけてあげてもらえますか。そうすると、臓器・細胞たちも必ずその思いに応えて頑張ってくれます。それ以上に、あなたもその部分の症状の原因となっていることを考え、その行動を自粛しましょう。その気配りが身を助けるのです。

次に、人生の修正を考えてみてください。前世からの因果応報による問題点は鑑定を受ければわかりますが、それほどに鑑定を必要と思わない人は、人生をパズルだと思ってください。

一枚のパズルがあり、そこに富士山の絵が描かれていたとします。しかし、その絵がどう見ても富士山に見えないとしたら、そこに人生における欠陥事項があります。つまり、不幸や病気の時期、家族・友人や関係者に事件・事故・病気・死別などが起きている時期です。

その時のことを思い浮かべてみましょう。あなたは相手にどのような態度・言動で接していますか？　その接し方に問題はなかったでしょうか？　また、相手はどのような態度・言動だったでしょうか？　あなたの行動により、相手を傷つけてはいませんか？　また、思いやってくれたことに感謝しましたか？

過ぎてしまったことであっても、心には相互に深く傷がついていることがパズルの裏返しの部分です。そこにもう一度思いを馳《は》せてみれば、人生を学ばせていただいていることに気付くのではないでしょうか。これが人生の修復になり、謝罪と反省、そして、感謝のもとに、やがて幸福が訪れるのです。過去に不安を抱かれている人は、一度、心探りをおすすめします。

「気」は創造主の意思そのものです。その気を患うことは創造主の意思とは違う生き方であり、そのことで心と肉体の限度を超えてしまい、病気になってしまうのです。創造主の意思とは、万物に対して「大愛」、「慈悲」、「利他」を持つことです。見守るその思いがすべてのものを創らしめたのです。この思いに照らし合わせて、次の問いかけに心をめぐらせてみてください。

1）自分と他人との考え方の違いを、どのように感じ、行動しているのか
2）相手に不足を、また自分の不足を感じたら、どう行動しているのか
3）食生活はバランスよく摂れているのか
4）なぜ、家族・友人・学校の人達・近所の人・会社の上司達とうまく行

かないのか

5）学校・仕事・恋愛・結婚・子供の問題や経済的な問題はうまく行って
いるのか

6）自分は何のために生まれて来たのか

それぞれの答えは、すべて「自己中心的」に生きている人と、「利他（人の為）」に生きている人では全く違うはずです。

「自己中心的」な人の「自分さえよければいい」という意識は、自己満足の世界です。他人との関わりは比較・競争がベースとなり、自分の成果の達成と不足に翻弄されているのが現実です。それに引き替え、「利他（人の為）」に生きている人は、自らの満足よりも周りの人の満足のために行動します。自分の不足を補うには相当に苦労が伴いますが、他人のために動く人は、いつも他人の満足な顔を見て喜びを感じているので、自分に不足を感じません。

こんなにも簡単な「幸福と健康をつくる人間としての生き方」なのに、ほとんどの人々がわからずに生きています。「人」は人という字のごとく、支えたり、支えられたりして生きるものです。子供のころは親や肉親に支えられて成人し、自分の人生を歩み、今度は人を支える側に立ち、社会人として社会に貢献するということ。それが人間社会です。

たとえ国対国であったとしても、「自国だけが良ければいい」などと考える人が権力を握ったならば、一体どうなるのでしょうか。今の地球人の魂、そのものがエゴイズムを主として生きており、地球すべてに「病気」という「魔」が蔓延《まんえん》しています。この魂の変革を迫られているのが、まさに今なのです。

おわりに

現代の金権、学力社会においては、どんな人であれ、差別を受けています。脆弱《ぜいじゃく》で浅はかな観念と、自己顕示から成り立つ悪政に加え、官僚の長期にわたる政略的な国家予算隠ぺいと浪費（私物化）が顕著に現われています。が、これはとうの昔からわかっていたことです。マスコミは官僚が騙《だま》し欺《あざむ》いた金額、２５０兆円を「埋蔵金」などと騒ぎたてていますが、これは単なる隠ぺいに他なりません。これらの官僚の管理下において操《あやつ》られる民衆こそ、「いじめ社会＝大人の社会」です。親がいじめに遭《あ》っている社会だからこそ、子供もいじめに至るのは当然です。

怠慢な生活リズムから生まれる病気は、根源的に心の不満足であり、決して埋まることのない蟻地獄です。そんな社会の構図ができてしまったのです。我々大人たちは、病気の自覚症状がないだけで、実はすでにこの社会の構造そのものが病の根源なのです。

「この後に及んで悪が蔓延《はびこ》ろうが、暗躍しようが、どうしようもない」と諦《あきら》めている方がおられたら、申し上げたいことがあります。今の日本の地で、なぜ内部告発が頻繁に起きているのでしょうか。これすなわち、罪の呵責によるものです。それらの人々は、諦めが先にたっているものの、心の底には良心があり、これ以上、悪の蔓延る国・社会・企業の在り方は許せない、と異議を唱えたのです。これこそが人間の持つ神性なのです。

「もう不正は許さない」

「もう一度、人間が人間を信じられる社会にしたい」

「疑うことよりも、信じることを先に考えて他人とお付き合いがしたい」

「両親・兄弟・夫婦・親子で、もう一度信じ、愛し、心を許し合いたい」

などと切実に願う姿が、日々、私を訪れる人々に見受けられるようになっています。皆が一様に、真実の人間愛を求めているのです。

「人間は何のために生まれてくるのか」

おわりに

「人間は誰と何をしたいのか」

「なぜ人は他人を愛せないのか」

「なぜ人は自分のことばかりしか考えないのか」

「私はどうすればよいのか」


これらの答えを教えて欲しい、答えてください、と切実に訴える人が多くなっています。だからこそ、私はこれからもこの地球に生きていく人々に伝えていきたいと思います。地球での真実、宇宙での真実、決して難しくない人間の生きている意味を——。ただ一つの真実は、とてもシンプルです。


「人は自分のために生きるのではない」

「人は周りにいる人々のために生まれて来た」

「人は決して一人では生きていけない。人という字のごとく、支えてもらったり、支えたりして生きていくのが人なのです。だから、他人に親切にする。他人を思いやる。他人を信じることがすべてです」

「そうすれば、自分に勇気と夢と希望が湧いてきます」
「だから、世界中の皆が仲良くすること、助けあうことが大切なのです」
「この物質の世に愛と平和を創るために、人は生まれてきたのです」

地球はエゴイズムによる洗脳を受けています。言ってもわからない人に向かってこの本を書いたのではありません。この本の真意をわかっていただける人がいると信じているからこそ、今、世の中に出そうと思ったのです。もちろん、この真実を日本だけではなく、世界の人々に知らせます。大宇宙に私たちが生かさせていただいていることを、物質世界のすべてに支えられていることの真実を、小さな「宗教」にとらわれず、わかろうとする人々に伝えたいのです。日光十無は、イギリスをはじめ世界中で体質改善気功療法及び前世鑑定療法を中心とした取り組みを実践していくための準備をすすめています。人間は幸せになるためにこの世に生まれてきました。その幸福の条件の一つが「健康」であり、その健康を支えることが日光十無の役割と考えています。大宇宙創造主が創られた「気」の生命エネルギーを通じて、「気」の魂・心を通じて、この地球人の身体と心の快癒を願って、気功師・日光十無は世界に飛び立ちます。

あなたも明日には私、日光十無と出会うかも知れません。日本のどこか、世界のどこかで。

平成二十年　四月吉日

参考・引用文献

(1)「生命と宇宙」関　英男著（飛鳥新社）
(2)「超巨大宇宙文明の真相」ミッシェル・デマリケ著（徳間書店）
(3)「フォトンベルトと日月神示」岡田光興著（徳間書店）
(4)「神誥記《しんこうき》」ひふみともこ著（今日の話題社）
(5)「光の手上下巻」バーバラ・アン・ブレナン著（河出書房新社）
(6)「空洞地球」ダイアン・ロビンス著（徳間書店）
(7)「超シャンバラ」ダイアン・ロビンス著（徳間書店）
(8)「緊急！マリア様からのメッセージ」谷口祐司著（たま出版）
(9)「日本初公開！オーラビジョンカメラの秘密」佐々木美智代著（たま出版）

『癒しの気功　日光十無』からのお知らせ

多くの人々の心から神性が失われ、他人を思いやる心が軽んじられてきた今、たくさんの人々が「癒し」を求め、「幸福」を願い、「人として本来あるべき心の在り方」を学びたいと願う姿が見受けられるようになりました。しかし、残念ながらそれらを学ぶ機会はほとんどありません。

そこで、「健康」が幸福の第一条件であることと「思いやりの心」を基本として生きることの大切さを多くの方に伝え、その心ですべての人類にヒーリング（癒し）の環境を創造し提供するため、私たちと同じ目的意識を持った方々と共に、イギリスをはじめ、世界中で活動するための準備を進めています。

『癒しの気功　日光十無』では、世界中の人々の健康を支えるために活躍する気功師を、左記の２つのコースにより養成しています。

○気功セラピスト養成コース

○スピリチュアル・カウンセラー養成コース

さあ、あなたも、私たちと共に、世界中で活躍してみませんか。
あなたの心で、世界中の人々の心も身体も癒してあげましょう。

詳しくはホームページhttp://www.nikko-tomm.com をご参照ください。

著者略歴

日光十無（にっこう・とむ）

1951年大阪府生まれ。

龍谷大学経営学部卒業、アパレル業界など、17種の職業を経験。

43歳で妻を亡くし、人生を見つめる。

1999年、「気」に出合い、自己修業（不動明王からの通信）により、気功師になる。

「日光十無」と命名され、現在は気功師活動とスピリチュアル活動を本格的に行っている。

【連絡先】
癒しの気功　日光十無
〒321-0967　栃木県宇都宮市錦3-12-7
TEL 028-624-4131　FAX 028-650-6785
E-mail：info@nikko-tomm.com
URL：http://www.nikko-tomm.com

※本書の内容に関する電話でのお問い合わせはご遠慮下さい。なお、ご意見等がありましたらFAX、またはE-mailにお寄せ下さい。

気功師・日光十無のスピリチュアルメッセージ

初版1刷発行　2008年5月28日

著　者　日光 十無
発行者　韮澤 潤一郎
発行所　株式会社たま出版
〒160-0004　東京都新宿区四谷4－28－20
電話 03-5369-3051（代表）
振替　00130-5-94804
印刷所　神谷印刷株式会社

乱丁・落丁本お取り替えします。
©Nikko Tomu 2008 Printed in Japan
ISBN978-4-8127-0257-4 C0011